리치 빌로다스는 《좁은 길, 그 생명 길로》에서 최고의 삶이 진정 어떤 모습인지를 풀어 낸다. 저자는 예수님과의 동행에 대한 우리의 기본적인 가정에 도전하고, 우리가 서 있는 곳이 넓은 길인지 좁은 길인지 발견하게 함으로써 올바른 길에 설 수 있도록 영감을 준다. 이로써 우리는 예수님이 오셔서 우리에게 주신 풍성한 삶을 살 수 있다. 이 책은 예수님을 따르는 모든 이들에게 꼭 필요한 마음 점검이다.
크리스틴 케인 ˚ A21 및 프로펠위민(Propel Women) 설립자

만족을 주지 못하는 주변 문화의 약속에 삶의 닻을 내리는 데 지친 모든 이들, 그리고 '무엇이든 원하는 대로 하면서 군중을 따르라'고 말하는 넓은 길이 예수님이 경고하신 대로 생명이 아니라 죽음으로 향하는 길임을 깨달은 이들, 또한 예수님과 그분의 좁은 길에 대한 가능성에 흥미를 느끼고 깊이 매료된 이들을 위한 책이다.
존 마크 코머 ˚ 프랙티싱더웨이(Practicing the Way) 설립자, 《슬로우 영성》 저자

만약 '반쪽짜리 그리스도인, 양심을 잠재우는 종교'와 '소모적이고 죄책감을 유발하는 도덕주의' 사이의 선택에 지쳤다면, 이 책은 당신을 위한 것이다. 리치 빌로다스는 예수님의 산상수훈을 관통하는 지도를 통해 우리를 좁은 길로 이끌고 그 길에서 기쁨을 발견하는 법을 보여 준다. 후회 없는 여행이 될 것이다!
러셀 무어 ˚ 〈크리스채너티 투데이〉(Christianty Today) 편집장, 《폭풍 속의 가정》 저자

리치 빌로다스는 우리 시대에 꼭 필요한 목소리 중 하나다. 예수님이 오늘날 우리에게 어떤 말씀을 하시는지 이해하려 애쓸 때, 저자는 그리스도의 말씀에 쉽게 접근하도록 도와준다. 이런 지도자는 흔치 않다. 꼭 필요한 책이다.

렉래 ˚ 그래미상을 받은 크리스천 힙합 뮤지션, 프로듀서

우리는 하나님이 본래 의도하신 우리 모습 대신 나약하고 두려움에 사로잡힌 그림자로서 살아가게 만드는 세상 속에 있다. 이런 황량한 세상에 확신과 소망으로 가득한 목회자, 리치 빌로다스가 나타났다. 그는 자신이 말하려는 주제에 관해 어떻게 이야기할지, 또 어떻게 그렇게 살아갈 수 있는지 잘 안다. 탁월하고 아름다우며 간결하고 명확한 이 책《좁은 길, 그 생명 길로》는 주님의 말씀을 다시금 되새기게 돕는다. 그 말씀은 '적을수록 많아지는 세상, 순종의 수고가 영구한 기쁨으로 이어지는 세상, 동료 순례자들과 공동체로서 이 길을 함께 걷는 동안 예수님의 사랑을 발견하고 그 안에 거할 수 있는 자유로운 현실'로 우리를 인도한다.

커트 톰슨 ˚ 의학박사, 심리학자,《고통을 지나는 중입니다》저자

이 책은 목회자인 저자의 진면모를 보여 준다. 그가 쓰는 글은 은혜롭게 반짝이며, 좋은 삶에 대한 하나님 나라 비전의 찬란한 광채를 비춘다. 예수님의 가장 중요한 설교 말씀들이 분명 저자의 마음속 깊은 곳을 통과했을 것이다. 그 말씀들은 그의 이야기와 상처를 통해 드러나, 현실 세계 속 우리와 만난다. 도전적이고 현실을 직시하게 하는 이 책은 모든 이들을 위한 목회적 성찰이며, 우리를 '드넓은 삶으로 이끄는 좁은 길'로 부른다.

글렌 패키엄 ˚ 록하버교회(Rockharbor Church) 담임목사

저자는 우리의 신앙 선언문인 산상수훈을 집중적으로 살피면서, 그리스도의 경이로운 사랑, 세상을 뒤엎는 그 사랑으로 우리를 새롭게 세워 준다. 명료함과 지혜, 위트로 그는 하나님의 길이 생명과 기쁨, 사랑과 평화의 길 즉 진정으로 좋은 삶의 길임을 우리에게 일깨워 준다.

다나이 구리라 ° 배우, 극작가, 활동가

산상수훈은 역사상 세상을 가장 크게 변화시킨 설교라는 보편적인 평가를 받으며, 동시에 개인 제자 훈련을 위한 가장 심오한 지침이기도 하다. 리치 빌로다스의 책을 읽기 전에는, 산상수훈이 전적으로 예수님의 삶을 반영하는 자전적인 내용이기에 이 가르침이 두 방식으로 작동한다는 것을 제대로 깨닫지 못했다. 저자는 신성하신 분, 길을 만드시고 그 길을 가르치시고 그 길을 보여 주실 뿐만 아니라 **바로** 그 길이신 예수님의 전기를 들려준다. 그 길이 좁은 이유는 오직 그리스도 한 분만을 담을 수 있을 만큼의 너비이기 때문이다. 하지만 예수님은 모든 이의 구세주시니, 모든 사람의 고유한 삶의 여정을 담을 만큼 그 크기가 충분하다. 사용 설명서로는 부족하다. 사람들에겐 지도가 필요하다. 책자를 나눠 주는 것으로도 충분하지 않다. 우리는 안내자가 필요하다. 예수님의 길을 다룬 이 전기는 내가 예수님의 길을 다시 따르게 해 주었다. 나는 이 책이 당신을 그 길로 인도하고 다시 인도해 주기를 기대하고 기도한다. 다만 내 진짜 바람은 그 전기가 우리 모두의 자서전이 되는 것이다. 이 책은 당신은 물론이고, 온 세상에 유익할 것이다.

저스틴 웰비 ° 캔터베리(Canterbury) 대주교

The Narrow Path
: How the Subversive Way of Jesus Satisfies Our Souls

Copyright © 2024 by Rich Villodas
No part of this book may be used or reproduced in any manner for the purpose
of training artificial intelligence technologies or systems.
This edition published by arrangement with WaterBrook, an imprint of Random House,
a division of Penguin Random House LLC
All rights reserved.

Korean Translation Copyright © 2025 by Duranno Ministry, Seoul, Republic of Korea
This Translation is Published by arrangement with WaterBrook, an imprint
of Random House, a division of Penguin Random House LLC through Imprima Korea Agency

이 책의 한국어판 저작권은 Imprima Korea Agency를 통해
WaterBrook, an imprint of Random House, a division of Penguin Random House LCC와
독점 계약으로 두란노서원에 있습니다.
저작권법에 의해 한국 내에서 보호를 받는 저작물이므로 무단전재와 무단복제를 금합니다.

좁은 길, 그 생명 길로

지은이 | 리치 빌로다스
옮긴이 | 이지혜
초판 발행 | 2025. 6. 25.
등록번호 | 제1988-000080호
등록된 곳 | 서울특별시 용산구 서빙고로65길 38
발행처 | 사단법인 두란노서원
영업부 | 02)2078-3333 FAX | 080-749-3705
출판부 | 02)2078-3330

책값은 뒤표지에 있습니다.
ISBN 978-89-531-5112-3 03230

독자의 의견을 기다립니다.
tpress@duranno.com www.duranno.com

두란노서원은 바울 사도가 3차 전도 여행 때 에베소에서 성령 받은 제자들을 따로 세워 하나님의 말씀으로 양육
하던 장소입니다. 사도행전 19장 8-20절의 정신에 따라 첫째 목회자를 돕는 사역과 평신도를 훈련시키는 사역,
둘째 세계선교™와 문서선교단행본·잡지 사역, 셋째 예수문화 및 경배와 찬양 사역, 그리고 가정·상담 사역 등을 감
당하고 있습니다. 1980년 12월 22일에 창립된 두란노서원은 주님 오실 때까지 이 사역들을 계속할 것입니다.

Rich Villodas　　　　　리치 빌로다스

좁은 길, 그 생명 길로

도덕주의, 성공주의,
개인주의 길에서 떠나다

두란노

뉴라이프펠로십교회(New Life Fellowship)
성도 여러분에게.

여러분과 함께
좁은 길을 걸어가게 되어
기쁩니다.

들어가며 **우리는 왜 좁은 길 앞에서
망설이는가** 12

 **이 시대가 열광하는
넓은 길을 떠나다**

사방이 은혜로 둘러싸인 좁은 길의 실체

1 허망한 길에서 멈춰 서는 용기 23
2 환상으로 버무려진 '행복'의 진짜 의미를 찾아서 45
3 의로움을 뽐내고 싶은 욕망의 사슬을 끊다 69

막간 **기도 없이는 한 발도
뗄 수 없는 길** 85

Contents

Part 2. 좁지만 생명 충만한 예수의 길 걸어가기

일상에서 피어나는 진짜 제자도

4　소금과 빛으로 세상 한복판에 스며들다　93

5　내 분노의 뿌리를 성령께 내드리다　111

6　거짓의 유혹 넘어 진실한 삶과 말을 지켜 내다　129

7　성(性), 욕망의 소비가 아닌 언약적 사랑으로 누리다　149

8　불안으로 움킨 손을 펴 돈의 신전에서 벗어나다　167

9　염려의 짐 내려놓고, 채우시는 아버지 손을 붙잡다　191

10　판단의 칼날을 거두고 내 마음을 살피다　213

11　하나님의 뜻, 친밀함 속에서 분별하고 행하다　235

12　사랑하기 힘든 이들, 예수의 긍휼로 사랑하다　259

나오며　**흔들림 없이 끝까지 나아가는 비결, 순종**　274

감사의 글　288

주　291

The Narrow Path

좁은 문으로 들어가라
멸망으로 인도하는 문은 크고 그 길이 넓어
그리로 들어가는 자가 많고
생명으로 인도하는 문은 좁고 길이 협착하여
찾는 자가 적음이라.

Enter through the narrow gate.
For wide is the gate and broad is the road that leads to
destruction, and many enter through it.
But small is the gate and narrow the road that leads to life,
and only a few find it. / NIV

마태복음 7장 13-14절

우리는 왜
좁은 길 앞에서 망설이는가

나는 해리 포터 세계관을 좋아한다(혹시 이런 감성을 좋아하지 않는 독자라도 부디 이 책을 덮지는 말아 주길 바란다). 내가 좋아하는 장면 중 하나가 《해리 포터와 불의 잔》(*Harry Potter and the Goblet of Fire*)에 나온다.

위즐리 씨라는 마법사가 성대한 스포츠 행사에 참여하면서 동료 마법사이자 친구인 퍼킨스에게 텐트를 빌린다. 밖에서 보면 두세 명이 들어갈 법한 평범한 뒷마당 텐트처럼 보이는데, 퍼킨스가 텐트에 마법을 걸어 내부를 한껏 넓힌다. 해리가 위즐리 씨의 아이들을 데리고 텐트의 좁은 입구를 지나자,

2층 침대와 주방, 욕실까지 딸린 방 세 개짜리 아파트가 펼쳐진다. 예상보다 훨씬 널찍하다.

예수님의 가르침, 특히 산상수훈을 생각할 때면 이 마법 텐트가 떠오른다. 곧 보게 되겠지만 예수님의 길은 절대적으로 좁다. 하지만 그 길은, 말하자면 끝없이 확장되는 하나님의 생명이라는 마법에 걸려 있다. 예수님의 말씀은 처음에는 강압적이고 제한하는 듯 들리지만, (퍼킨스의 텐트처럼) 그 말씀 안에는 상상도 못 할 엄청난 능력이 감춰져 있다. 그 안에 들어서면 바깥에서는 경험하기 힘든, 영혼을 위한 여유로운 공간을 발견하게 된다. 그렇다. 그 길은 좁지만, 그 길을 걸으면 우리가 갈망하던 삶, 곧 사랑과 기쁨과 평안으로 가득 찬 삶을 살고 있음을 깨닫게 된다.

우리 문화권에서 "**좁다**"(narrow)는 말은 보통 부정적인 의미로 사용된다. 옹졸하고 완고하며 자신만 옳다고 여기는 독선적인 이들을 묘사할 때 쓰이는 단어다. 아마 당신도 그런 사람들을 마주친 적 있을 것이다. 어쩌면 동네 공원에서 요한복음 3장 16절이 적힌 팻말을 들고 고함치는 그들을 보았을지도 모른다. 아니면 그 고함이 온통 대문자로 쏘아붙인 페이스북의 격렬한 비난 글로 나타났을 수도 있다. "좁다"는 건 우리가 피해야 할 특성이지, 결코 열망할 만한 것이 아니다.

하지만 예수님과 함께할 때는 이야기가 다르다. 부디 내 말을 끝까지 들어 주기를 바란다.

예수님의 좁은 길은 인간답게 사는 것이 무엇인지, 참되게 사랑하는 것이 무엇인지 그 본질을 꿰뚫는다. 그 길은 우리 에너지를 진정으로 좋은 삶, 곧 '하나님과 타인을 위한 공간을 마련하는 넉넉한 존재 방식'으로 이끄는 데 집중시킨다.

물론, 좁은 길은 많은 것을 요구하기에 대부분의 사람이 그 길을 택하지 않는다. 독일의 유명한 신학자 디트리히 본회퍼(Dietrich Bonhoeffer)는 이렇게 말했다. "예수님이 사람을 부르실 때는 그에게 '와서 죽으라'고 명령하시는 것이다."[1]

그러나 우리는 직관적으로 이렇게 이해할 수도 있다. "가장 중요한 것들은 쉽게 오지 않는다. 힘들수록 보상이 크다. 위대한 도전일수록 그 도전을 성취했을 때 기쁨이 더 크다. 높은 산일수록 정상에 다다랐을 때 만족감이 더 크다. 우리가 자신에 대해 죽고 예수님께 엎드릴수록 우리는 더욱 살아나게 된다." 이것이 바로 예수님의 길의 역설이다.

예수님은 당신이 좁은 길이 주는 흥분과 만족감을 경험하기 바라신다. 문제는, 당신이 그보다 못한 것에 안주할 것이냐다. 이 책의 목표는 다음 두 가지다.

* 예수님의 좁은 길이 당신이 진정으로 갈망하는 삶을 준다는 사실을 일깨우는 것.

* 당신이 좁은 길을 계속해서 걸어가면서 예수님만이 주실 수 있는 영혼의 깊은 만족을 경험하도록 돕는 것.

성경에서 좁은 길을 설명하는 본문을 한 군데만 꼽으라면, 예수님의 가장 유명한 가르침을 모은 산상수훈이 기록된 마태복음 5-7장이다. 이 책을 읽어 나가며 우리는 예수님의 중요한 가르침들을 풀어 나갈 것이다. 잠시 멈추어서 널리 알려진 만큼 오해도 많은 이 메시지를 천천히 살펴보자.

역대 최고의 강연, 산상수훈

"눈에는 눈." "세상의 소금과 빛." "너희는 '예' 할 때에는 '예'라는 말만 하라." "판단하지 말라." "우리를 시험에 들게 하지 마시옵고." "일용할 양식." 길을 지나는 보통 사람들에게 이런 말을 들어 본 적이 있는지 물어보면 대부분 그렇다고 대답할 것이다. 그러나 이게 어디 나오는 말이냐고 물으면 아마 아무 반응 없지 않을까?

이는 모두 역대 최고의 테드(TED) 강연이라 할 만한 예수님의 산상수훈에 나오는 표현들이다. 간디(Mahatma Gandhi)에서부터 마틴 루서 킹 주니어(Martin Luther King Jr.)에 이르기까지 역사 속 수많은 위대한 지도자, 설교자, 시인들이 이 산상수훈에서 엄청난 영향을 받았다. 역사상 그 어떤 연설을 꼽아 보더라도 예수님의 이 설교가 그 모든 연설을 능가한다는 것을 알게 될 것이다. 이는 독립선언문이 미국에서 차지하는 위상이나, 마틴 루서 킹 주니어의 "나에게는 꿈이 있습니다" 연설이 공민권 운동에 미친 영향 그 이상이다.

영혼을 치유하고 세상을 변화시키며 하나님을 영화롭게 하는 예수님의 이 설교에 비교하면 세상 그 어떤 글이나 말도 빛을 잃고 만다.

초대장이자 점검표

당신이 이 산상수훈에 어떻게 접근하느냐가 모든 걸 바꿔 놓는다. 이 말씀을 그저 구원 사용 설명서로 생각하면 예수님 말씀에 부끄러운 삶을 살 때마다 하나님이 당신을 위하시는지 아닌지 의문을 품게 될 것이다.

잊지 말라. 산상수훈은 우리가 어떻게 구원을 **성취하느냐**가 아니라 어떻게 구원을 **보여 주느냐**에 대한 것이다. 예수님 때문에 진정으로 변화된 사람은 자기 주변의 문화 규범에 저항한다. 따라서 이 설교는 우리가 예수님을 따르는지 아니면 다른 누군가(혹은 무언가)를 따르는지 평가할 수 있는 리트머스 시험지다.

이런 점에서 이 설교는 초대장이자 점검표다. 이 설교는 우리가 다른 방식으로 보고 듣고 존재하도록 초대한다. 우리는 어둠에 잠긴 세상을 혼란에 빠뜨리고 그에 맞서며 변화시켜, 하나님의 평화롭고 사랑 넘치며 기쁨 충만한 통치 안으로 이끌도록 부름받았다. 이는 우리의 노력만으로 되는 게 아니라, 아낌없이 우리에게 부어 주시는 하나님의 은혜로만 가능하다.

이 설교는 또한 우리 생각과 말과 행동이 예수님의 영광스러운 비전과 일치하는지 꼼꼼히 점검하도록 촉구한다. 이 설교의 주요 주제를 몇 가지 살펴보자.

* 나에게 상처 준 사람을 어떻게 용서할 수 있겠는가?
* 나는 하나님을 섬기는가, 돈을 섬기는가?
* 내 삶을 결정하는 것은 신뢰인가, 불안인가?
* 내 말은 액면 그대로 믿을 만한가?
* 나를 저주하는 사람들을 축복하는가?
* 나는 성(性)적인 면에서 온전한가?

이러한 가르침을 살펴보면 예수님의 길이 말도 안 된다는 결론에 다다를 수도 있다. 실제로 그렇다. 세상의 눈으로 보면 예수님의 지혜는 터무니없으며, 문화 규범에 완전히 반(反)하는 것이다. 하지만 나처럼, 만족을 주지 못하는 주변 문화에 삶의 닻을 내리는 데 지친 수많은 이들에게 예수님은 더 나은 길을 제시하신다. 바로 좁은 길, 당신과 내가 간절히 원하지만 얻기 위해서는 고군분투해야 하는 삶이다.

좁은 길을 택한다면, 무엇이 당신에게 가장 좋은지 예수님이 아신다는 사실을 믿어야 한다. 때로 그것이 당신의 추측과 기대에 어긋나더라도 말이다.

> 이는 내 생각이 너희의 생각과 다르며 내 길은 너희의 길과
> 다름이니라 여호와의 말씀이니라 이는 하늘이 땅보다
> 높음같이 내 길은 너희의 길보다 높으며 내 생각은 너희의
> 생각보다 높음이니라.
> °이사야 55장 8-9절

앞으로의 여정

우리 마음과 몸으로 예수님 말씀을 받아들이기 시작하지 않으면 우리가 고백하는 믿음은 우리가 열망하는 온전함으로

이어지지 않을 것이다. 그러므로 이 책은 우리 시각을 다시금 좁히고, 우리 삶을 특정한 방향으로 설정하며, 우리를 무겁게 짓누르던 것들을 벗겨 내고, 예수님을 따른다는 것의 의미를 재발견하려는 나의 시도이다.

이 책에서 우리는 우리 삶에 매일 등장하는 오래된 주제들을 살펴볼 것이다. 이 과정을 통해, 흔히들 가지 않는 급진적인 좁은 길에서 '만족스럽고 활기찬 삶'의 열쇠를 발견하게 될 것이다. 이 좁은 길에 깊이 들어갈수록 새로운 종류의 광대함, 곧 사방이 막힌 듯한 공간에 발을 들일 때에만 깨달을 수 있는 그런 광대함을 경험하게 된다.

또한 우리는 예수님의 길이 얼마나 전복적인지 발견하게 될 것이다. 그분의 가르침은 1세기 상황은 물론이고 현재 우리 상황에서도 지혜와 능력에 대한 지배적인 통념을 뒤흔든다. 세상이 높이 평가하는 것을 예수님이 가치 없게 여기시고, 예수님이 칭찬하시는 것을 세상이 거부한다는 사실에 놀라게 될 것이다. 그분의 놀라운 관점에 세심하게 주의를 기울이다 보면, 우리는 세상이 줄 수도, 빼앗아 갈 수도 없는 자유를 누리며 살아가게 될 것이다.

좋다. 이제 역사상 가장 지혜로웠던 분이 전하신 최고의 메시지 속으로 들어가 보자.

THE NARROW Path

Part 1.
이 시대가 열광하는 넓은 길을 떠나다

사방이

은혜로 둘러싸인

좁은 길의 실체

chapter 1.

허망한 길에서
멈춰 서는 용기

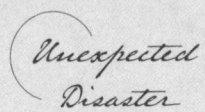

　스쿠버다이빙을 해 본 적이 있는가? 나는 해 본 적이 없다. (뭐, 대단히 자랑하긴 뭣하지만) 스노클링은 그래도 몇 번 해 봤다. 어느 해 결혼기념일 여행으로 떠난 하와이에서 아내와 나는 다양한 체험 프로그램을 찾아보았다. 내 안의 모험심이 깨어나길 바라며 이것저것 폭넓게 검색했다. 유튜브에서 수많은 스쿠버다이빙 동영상을 보며 영감을 얻고 혼잣말로 자신을 격려했다. 하지만 그것도 그리 오래가지 못했으니…… 스쿠버다이빙과 스노클링의 차이점을 설명한 도표를 보고 만 것이다. 갑자기 나는 정신이 번쩍 들어 현실로 돌아왔고, 모험을 즐기겠다던 모습은 겁에 질린 갑오징어처럼 종적을 감추었다.

　나는 스쿠버다이빙이 질소 중독을 일으킬 수도 있다는 걸 알게 되었다. 이는 수중에서 술에 취한 것과 비슷한 현상이다. 혹은 장비가 고장 날 수도 있다. 다이빙하는 동안 혈전이 폐동맥을 막아 어지럼증, 숨 가쁨, 가슴 통증을 일으키는 폐색전증의 위험에 처할 수도 있다. '아이고, 안 할래.'

그래서 스노클링을 하기로 했다. 스노클링을 하다가 따가운 햇살에 화상을 입을 수 있는데, (당연하게도) 나는 자외선 차단제 바르는 걸 깜빡했고 결국 등에 화상을 입고 말았다. 그래도 어쨌든 죽지 않고 살아서 이 이야기를 하고 있다. 스노클링 활동은 순조로웠다. 나는 안전한 거리에서 몇몇 물고기들을 봤고, 숨대롱으로 물이 조금 들어와서 잠시 쉬러 수면 위로 올라오기도 했다.

며칠 뒤, 나는 스쿠버다이빙 동영상을 몇 개 더 보면서 용기를 내 보려 했다. 하지만 내 마음속 거부감은 진짜였다. 머리로는 깊은 심연 속 아름다운 세상이 나를 기다리고 있음을 알았지만, 나는 모든 게 안전하고 예측 가능한 수면 위 삶을 택했다.

이 모든 이야기가 예수님의 좁은 길과 무슨 관련이 있을까? 많은 사람이 깊이 들어가길 원하지만 사실상 영적으로 수면 위를 맴돌고 있다. 우리는 양서류 그리스도인으로 물속과 물 밖을 오가며 살려 하지만, 예수님은 우리의 전부를 원하신다. 달리 말하면, 그분의 전부를 우리에게 주고자 하신다. 그분 사전에 반쪽짜리 제자도란 없다.

예수님은 길의 비유를 사용하셔서 그분을 온전히 따르거나 아예 따르지 말라고 말씀하신다. "좁은 문으로 들어가라 멸망으로 인도하는 문은 크고 그 길이 넓어 그리로 들어가는 자가 많고 생명으로 인도하는 문은 좁고 길이 협착하여(narrow, NIV) 찾는 자가 적음이라"(마 7:13-14).

예수님만큼이나 심오한 말씀이지만 나는 그분의 단순함을 사랑한다. 선택지는 좁은 길과 넓은 길, 두 가지뿐이다. 좁은 길은 치유와 회복으로 인도하는 예수님의 십자가 길이다. "생명으로 인도하는 길"에 흥미가 생기는 건 당연한데 왜 우리는 망설이는가? 솔직히 말하자면 대가를 치러야 하기 때문이다. G. K. 체스터턴(Chesterton)은 이렇게 말했다. "기독교적 이상은 시도되었으나 부족하다고 판명된 게 아니다. 오히려 어렵다고 여겨져 시도조차 되지 않았다."[1]

예수님을 따르면 우리가 좋아하지 않거나 지속하기 버거운 새로운 삶의 방식을 강요당할까 봐 걱정한다. 우리는 예수님과 어느 정도 '안전한' 거리를 유지한다. 그분을 따르면 욕망을 억누른 채 기계적이고 종교적인 가면을 쓰는, 기쁨 없고 폐쇄적인 존재가 된다고 생각하기 때문이다. 예수님의 좁은 길을 피하는 이유는 성적 친밀감에 대한 갈망을 무조건 꾹 참고, 꿈도 다 포기하고, 일주일에도 몇 번씩 예배에 참석해야 한다고 믿기 때문이다. 또 **진정으로** 예수님을 따를 때 다른 사람들이 우리를 어떻게 생각할지도 두렵다. 사람들에게 광신도로 보이고 싶지 않다. 무엇보다 좁은 길을 꺼리는 이유는 솔직하고 취약한 모습 그대로 거울을 들여다보며 자신을 대면해야 하기 때문이다.

나 역시 이런 점들이 궁금했다.

좁은 길을 걷는 여정에는 시간이 걸린다. 그 길을 가려면 속도를 늦춰야만 한다. 어느 시점에서는 우리가 보기 싫어하는 우리 자신의 모습을 직면해야 한다. 때로는 이 초대 자체를 피하는 것이 더 쉽다. 아마 당신은 예수님을 더 깊이 알아갈수록, 그분도 **당신의** 더 깊은 곳까지 보게 되리라 생각해 두려워하는지도 모른다. 만약 그렇다면 당신만 그런 감정을 느끼는 것이 아니다.

성경에서 예수님이 사람들과 관계 맺으시는 모습을 자세히 관찰하고 내 삶에서 그분의 임재를 느끼면서, 나는 예수님이 인간의 연약함을 거부하지 않으시고 오히려 그 연약함에 이끌리신다는 것을 수없이 깨달았다.

열아홉 살 때였다. 예수님을 만나고 몇 달 안 되어 나는 그분의 거룩한 임재에 관한 책을 읽었다. 난생처음으로 나를 옭아매던 성과 중심의 삶과 중독적인 행동에서 벗어나 자기방어적인 가면을 내려놓을 수 있다는 사실을 깨닫고 흐느껴 울었다. 새로 산 가죽 표지 일기장에 오랫동안 숨겨 왔던 여러 비밀을 적어 내려갔다. 한 문장 한 문장 쓸 때마다, 마치 학기말 시험 감독관처럼 누군가 내 뒤를 맴돌지는 않을까 두려워서 어깨 너머를 돌아보곤 했다. 거룩한 불안감 속에서, 나는 내 안에 계신 하나님의 임재를 분명히 느꼈다.

나는 복음서 이야기에 나오는 예수님의 다정함을 떠올렸다. 그것은 내가 처음 접한 따스함이었다. 나는 하나님과 다른 사람 그리고 나 자신에게조차 숨겨 왔던 내 영혼의 부분들을 하나하나 마주하며 인정했다. 그제야 은혜와 자비, 다정함과 긍휼, 평안과 기쁨을 발견하게 되었다.

그토록 강렬한 경험을 했음에도 불구하고 이따금 여전히 길을 잃곤 한다. 어쩌면 당신도 나처럼 바쁘거나 정신이 없어서 하나님께 자투리 시간만 드리며 만족하던 시기가 있었을지 모른다. 바로 그런 시기에 예수님은 우리에게 좁은 길로 돌아오라고 초대하신다.

이 길 아니면 저 길뿐이다?

두 가지 길, '멸망으로 인도하는 넓은 길'과 '생명으로 인도하는 좁은 길'에 관한 예수님의 가르침은 조금은 부담스럽게 다가온다. 그리고 곧바로 다양한 궁금증을 불러온다.

* 좁은 길은 어떻게 생겼을까?
* 넓은 길은 어떻게 생겼을까?

＊ 내가 어떤 길에 서 있는지 어떻게 알 수 있을까?

이제 우리는 충분한 시간을 들여 이런 중요한 질문들을 탐구할 것이다. 하지만 그 전에 잠시, 모두가 말하기 꺼리는 문제부터 짚고 넘어가는 게 어떨까? 내 말은, 예수님이 우리에게 고작 두 길만을 제시하신 것이 삶을 너무 단순화하신 건 아닌가 하는 점이다. 삶은 그보다 훨씬 미묘하고 복잡하지 않은가? 이런 관점은 삶을 지나치게 단순화하고, 우리를 혼란에 빠뜨리며, 심지어 불쾌하게 한다.

복음서의 다른 부분들에서 예수님은 그 누구도 예상치 못한 관점에서 질문에 답하시어 온갖 윤리적, 신학적 난제의 허를 완벽하게 찌르신다. 그런데 여기에는 어떤 미묘함도 없다. 오직 넓은 길과 좁은 길, 두 갈래 길만 있을 뿐이다. 하지만 단순히 이 가르침을 외면하기에 앞서, 예수님만 두 길을 제시하신 것이 아님을 알아야 한다.

구약성경의 하나님도 두 길을 제시하신다. 그분은 "생명"과 "사망"이라는 두 가지 길을 그분 백성 앞에 두신다(신 30:19). 마스터 요다도 라이트 사이드와 다크 사이드라는 두 가지 포스의 길을 가르쳤다(농담 반 진담 반이다). 영화 〈매트릭스〉(The Matrix)에서 모피어스도 두 길을 제시한다. 그는 네오에게 파란 알약과 빨간 알약을 건넨다. 종교의 여부를 떠나서 수많은 스승이 제자들에게 각기 다른 두 길을 제시하며 하나를 선택하라고 권한다.

두 가지 길을 제시하시는 예수님은 잔인하다기보다 명확하신 것이다. 그분은 의사 결정의 피로함으로 옴짝달싹 못 하는 우리를 자유롭게 하여 생명으로 인도하신다.

대부분의 사람은 좁은 길과 넓은 길에 관한 예수님 말씀을 읽을 때, 선한 도덕과 나쁜 도덕의 대립, 혹은 내세의 관점으로만 바라본다. 좁은 길은 '선한' 이들이 택하는 길이고, 넓은 길은 '악한' 죄인들이 선호하는 길이다. 좁은 길은 천국으로 가는 길이지만, 넓은 길은 지옥으로 가는 길이다.

하지만 예수님이 염두에 두신 것은 그런 관점이 아니다. 물론 지금 당신이 선택하는 그 길은 영원과 관련이 있다. 하지만 예수님은 또한 **오늘** 우리의 모습을 빚으시길 원하신다. 그럼으로써 그분의 나라에서 살아가는 삶의 본질적 특성을 증언하게 하신다. 넓은 길은 예수님의 법칙과 길 바깥에 있는 삶이고, 좁은 길은 예수님과 세상의 통념을 뒤엎는 그분의 지혜 앞에 엎드리는 삶이다.

설마 내가 서 있는 길도 넓은 길?

지금 당신의 마음속에 이러한 질문이 불타오를 것이다. "내가 넓은 길에 서 있는지는 어떻게 알 수 있는가?" 이 질문에 답하는 데 산상수훈이 도움이 된다. 산상수훈을 통해 우리는 하나님과 동행하지 않고도 그분을 섬기는 것이 가능함을 깨닫는다. 다시 말해, 우리는 자신도 모르게 넓은 길에 서 있을 수 있다.

예수님의 말씀은 인간의 문제에 대한 날카로운 분석이다. 하나님은 우리 존재의 모든 부분을 형성하기를 원하신다. 그리고 그러한 형성의 상당 부분은 '하나님'과 '좋은 삶'에 대한 우리의 잘못된 전제들을 인정하도록 요구한다.

우리 앞에 놓인 문제들을 세 문장으로 간단히 정리해 보자. 혹여나 당신도 다음과 같다면, 당신은 지금 넓은 길에 서 있을지도 모른다.

* 하나님은 마음이 아니라 행동에만 관심이 있으시다고 생각한다. — **도덕주의**
* '좋은 삶'이란 무엇인가에 대해 피상적인 시각을 가지고 있다. — **성공주의**

* 영성을 하나님과 당신 사이의 문제라고만 생각한다.
— 개인주의

이 세 가지 문제가 합쳐져서 당신의 영성을 망가뜨리는 원인이 된다. 이런 문제들이 모여 대부분의 사람이 선택하는 넓은 길이 된다.

I
도덕주의

우리 교회에 다니는 한 성도가 몇 차례 상담을 요청한 적이 있다. 그 사람을 제러미라고 부르자(본명은 아니다). 서른일곱 살의 고등학교 교사인 제러미는 연로한 아버지를 돌보게 되었다. 그는 직장과 가정에서 쌓인 피로와 부담으로 끓어오르는 울분을 털어놓았다.

그의 아버지는 **약간**의 추가 도움이 필요했지만, 솔직히 말해 제러미가 자신의 역할을 조금만 줄였어도 상황은 괜찮았을 것이다. 제러미는 안식일을 지키지 못하는 것에 대해 한탄했고, 자기 돌봄 같은 건 생각조차 못 했다. 그는 이런 무거운 짐을 더욱 잘 감당할 수 있도록 기도 훈련에 대한 안내를 원했다. 거기까지는 아무 문제가 없었다.

세 번째 상담부터 나는 좀 더 깊이 들어가기 시작했다. 쉼이 필요하니 주말에는 아버지 돌보는 일을 쉴 수 없겠느냐고 그에게 물어보았다. 제러미는 그럴 수 없는 이유를 곧바로 줄줄이 댔고, 나는 그에게 강경하게 말했다. "제러미, 지금부터 2주 후에 집을 잠시 비우겠다고 아버지께 말씀드려 보면 어떨까요?"

"말씀을 드려 볼 수는 있지만 그게 가능할지 모르겠어요." 그가 대답했다. 나는 더 강하게 밀어붙이려고 보드 마커를 손에 쥐고 화이트보드 쪽으로 걸어갔.

"어떤 내면의 소리가 당신의 행동을 부추기고 있나요?" 7-8분 정도 침묵이 흐른 뒤, 우리는 제러미의 내면에서 소용돌이치는 것들을 포착하기 시작했다. 그리고 세 가지 내면의 메세지를 확인했다.

* 아버지를 돕지 않으면 나는 나쁜 아들이야.
* 내 욕구는 중요하지 않아.
* 아버지의 부탁을 거절하는 건 부모를 공경하라는 십계명의 다섯 번째 계명을 범하는 거야.

화이트보드를 함께 보면서 나는 제러미의 내면의 메시지에 이의를 제기하는 몇 가지 대안적인 관점을 제시했다. 2주

후, 그는 주말에 휴식을 취했지만 비참한 기분이 들었다. 다시 일주일 뒤, 우리는 좀 더 상담을 진행했고, 둘 다 그의 관점에서 몇몇 긍정적인 변화를 알아챘다.

화이트보드에 적은 문장들을 통해 조금씩 깨닫게 된 교훈을 우리는 이렇게 정리했다. "내면을 성찰하지 않은 채 외적인 행동에만 집중하면 분노가 생긴다"(여기서 **내면 성찰**이란 우리가 품고 있는 가치관, 메시지, 동기, 감정 등을 기도를 통해 검토하는 습관을 말한다).

제러미는 부모님을 끊임없이 섬기도록 강요하는 내면화된 메시지의 굴레에 묶여 평생을 살았을 수도 있다. 그리고 이러한 굴레에 묶일 가능성은 우리 모두에게 존재한다.

예수님은 절대 행동만 교정하시지 않는다. 그분은 단순히 우리가 무엇을 하는지가 아니라 **우리가 어떤 사람이 될지**에 관심을 두신다. 예수님은 우리 마음을 변화시키지 못하는 영성은 거부하신다. 내면 성찰이 없는 행동 교정은 (긍정적인 방향일지라도) 우리를 노예로 만들 것이다.

다르게 말하면, 우리는 온갖 옳은 일을 하면서도 그 일을 하는 이유나 방법을 제대로 성찰하지 못할 수 있다. 정말로 관심이 있어서라기보다 단지 상대방의 기분을 언짢게 하지 않으려고 도와주는 게 어떤 건지 나는 너무나 잘 안다. 나는 하나님이 시키셔서가 아니라, 존경하는 사람들에게 거부당할까 두려워 진실을 말하는 상황에 익숙하다. 또 하나님의 인도하심을 느껴서가 아니라, 다른 사람들에게 좋은 사람으로 보일 것이기에 온갖 초대에 "예"라고 말하는 데 능숙해졌다.

넓은 길은 '옳은' 것을 믿고 '옳은' 일을 하는 데 만족하면서 그것이 예수님이 원하시는 전부라고 생각한다. 그러나 하나님과 함께하는 삶을 살려면 자신의 동기를 더 깊이 들여다보아야 한다.

몇 가지 간단한 질문으로 이 깊이 있는 성찰을 시작할 수 있다. "나는 왜 이런 행동을 하는가?", "나는 왜 기도하는가?", "나는 왜 다른 사람을 섬기는가?" 우리의 선택과 삶의 방식에 활력을 불어넣는 복잡한 동기를 탐구하지 않고도 긴 시간 살아갈 수 있다. 하지만 이런 성찰의 시간을 가지다 보면 두려움, 수치심, 교만, 그리고 인정받고 싶은 마음 같은 것들이 드러난다.

안타깝게도, 자기 동기를 면밀하게 살피는 사람은 거의 없다. 치유하고 싶은 깊은 상처를 탐구하지 않은 채, 단순히 중독적인 행동을 해결하는 쪽이 더 쉽다. 사랑을 얻거나 지위를 획득하려 애쓰는 방식을 검토하기 위해 멈추지 않은 채, 끊임없이 일하는 편이 더 쉽다. 속도를 늦추고 내면을 들여다보는 일은 어렵다. 그러나 예수님은 우리 각자의 마음을 살피라고 촉구하신다.

우리 자신을 모르는 채로 하나님을 깊이 알 수 없다. 하나님을 안다면서 자신에 대해 모르는 사람을 많이 만난다. 예수님이 산상수훈에서 정욕이나 분노 같은 문제를 다루실 때 이같은 현실을 언급하신다. 예수님은 우리가 피상적으로 살도록 내버려두지 않으시고, 더 깊이 우리를 부르신다. 내면 성찰이 없는 행동 교정은 결국 영적인 황폐로 이어진다.

성공주의

우리는 세상에 (더 큰 재미와 자유와 만족감을 줄) 더 나은 선택지가 있으리라 믿기에 예수님의 좁은 길을 피하기도 한다. 잠시 눈을 감고 '좋은 삶'이 어떤 것인지 생각해 보자. 어떤 생각이 드는가? 아마도 대부분의 사람에게 좋은 삶이란 건강, 아름다운 집, 출세, 사랑스러운 가족, 풍족한 여가 시간, 고통 없는 상태를 의미할 가능성이 크다. **나도 그렇게 생각한다!**

좋은 삶을 보여 주는 이런 지표들은 정말 멋지다. 사람은 누구나 건강, 좋은 집, 직업적 성공, 애정 어린 인간관계, 쉴 수 있는 시간을 원한다. 그런데 우리가 꿈꾸는 좋은 삶은 아메리칸드림에서 비롯하는가, 아니면 하나님 나라에서 비롯하는가? 하나님(여기서는 산상수훈의 메시지) 중심의 삶을 지향한다고 해서 좋은 삶에 대한 이런 비전을 완전히 버려야 한다는 뜻은 아니다. 하지만 우리는 솔직하게 자문해야 한다. "무엇이 실제 내 삶의 궤적을 만들어 가는가?"

넓은 길은 우리가 직접 만든 길이라서 우리는 그쪽을 더 선호한다. 우리가 방향을 정한다. 무엇이 성공인지 우리가 결정하고, 채점표도 우리가 만든다. 하지만 예수님은 우리를 그냥 내버려두지 않으신다. 우리에게 도전하시고, 대부분의 사람이 선뜻 택하지 않는 길로 우리를 초대하신다. 그렇다면 사람들은 왜 그 길을 선택하지 않는가? 그 길이 우리 문화에서 좋다고 여기는 화려함을 제공하지 않기 때문이다.

예수님도 이 문제를 개인적으로 잘 아신다. 예수님은 세례를 받으시고 "너는 내 사랑하는 아들이라 내가 너를 기뻐하노라"(막 1:11)라는 하나님의 확인을 받은 직후에 광야로 들어가 사탄의 시험을 받으신다. 돌을 떡으로 바꾸고, 사탄에게 절을 하고, 성전에서 뛰어내리라는 각각의 시험은 좋은 삶에 대한 예수님의 관점을 왜곡하기 위해 설계되었다. 사탄은 훈련된 의존성보다 즉각적인 만족감을, 종이 되는 것보다 권력을, 겸손보다 칭찬을 높이 평가하는 비전을 제시한다.

사탄은 자기 식대로 예수님을 좁은 길에서 다른 길로 벗어나게 하려 한다. 예수님은 선택하셔야만 한다. 그분은 남보다 자신을 더 생각하는 메시아인가, 아니면 그 반대인가? 권력을 위해 사는가, 아니면 다른 이들을 위해 권력을 내려놓는가? 사람들의 칭찬을 구하며 사는가, 아니면 아버지의 인정에 안식하는가? 예수님은 (적어도 한동안은) 음식과 권력과 인정을 포기하는 좁은 길을 선택하신다.

당신은 좋은 삶이 무엇이라고 생각하는가? 당신의 가족들은 잘 살아온 인생을 간단히 말해 무엇이라 하겠는가? 당신이 생각하는 좋은 세상이란 무엇인가? 잘 모르겠다면, 당신이 돈과 시간을 어떻게 사용하는지 살펴보라. 당신은 무엇을 끊임없이 좇고 있는가? 당신의 가장 간절한 욕망과 목표는 무엇인가? 당신의 야망은 어디에서 드러나는가? 이런 질문들은 당신이 예수님의 형상을 닮아 가는지, 아니면 당신을 둘러싼 타락한 세상을 닮아 가는지를 보여 준다.

예수님은 진정 좋은 삶이란 무엇인지 다시 생각하도록 우리를 초대하신다. 복음서에서 예수님이 제시하신 다른 길로 인해 변화된 삶들을 보라. 그분의 아낌없이 베푸시는 용서가 가져온 자유를 살펴보라. 평생을 영적으로나 사회적으로 머물 곳 없이 떠돌다가, 그분 안에서 마침내 위안을 찾은 이들을 깊이 생각하라. 그분의 긍휼로 치유된 수많은 이들을 마음에 떠올려 보라.

성령의 능력으로 당신이 평생 이룰 수 있는 것들을 생각해 보라! 좋은 삶을 재정의하는 것이 처음에는 손해처럼 느껴질 수도 있다. 하지만 궁극적으로는 당신이 갈망하는 진정한 의미, 즉 다른 사람들을 축복하고 세상의 흔한 덫을 피하는 삶을 가져다줄 것이다.

개인주의

뉴욕 퀸즈 거리를 걷다가 으스대며 통화하던 한 청년의 말을 우연히 들었다. "그냥 너답게 살아." 이 말은 오늘날 많은 사람이 따르는 "그저 너 자신이 되라"는 격언을 잘 반영한다. 남의 시선과 생각에 지나치게 신경 쓰는 사람에게는 나답게 산다는 것이 필요한 교정법일 수 있다. 자신의 필요에 소홀했던 사람에게는 자기 돌봄의 표현이 될 수도 있다. 그러나 많은 경우, 나답게 산다는 건 영적 개인주의라는 넓은 길을 선택하는 또 다른 방법일 뿐이다.

이 문제는 우리 자신마저 쉽게 속일 정도로 교묘하다. 우리가 이웃을 등한시하면서도 하나님을 사랑한다고 확신하게 만들기 때문이다. 한 가지 예로, "내 자유는 **온전히 내가** 누려야 하는 것이다"라고 말하는 미국의 자유 개념을 생각해 보자. 이 말을 "내 자유는 이웃을 섬기기 위한 것이다"라는 의미의 기독교적 자유와 비교해 보라(갈 5:13 참고).

그리스도인에게 자유는 곧 섬김이다. 우리 사회에서 자주 옹호하는 자유는 나 자신에 대한 것이다. 그러나 그리스도인의 자유는 하나님, 이웃, 나 자신 안에서(이 순서대로) 찾을 수 있다. 현대의 자유는 '나, 나, 나'라는 거룩하지 않은 삼위일체를 지향한다.

이웃, 특히 나와 매우 다른 이웃에 대한 사랑은 하나님에 대한 사랑의 증거다. 우리 신학이 제아무리 훌륭하다 해도 하나님과 이웃을 사랑하는 데 쓰이지 않으면 부적절하고 맹목적인 것이 된다.

예수님보다 이 사실을 더 잘 이해한 분은 없다. 어느 날, 바리새인들이 그분을 찾아왔다. 이들은 당시에 율법을 철저하게 지키기로 유명한 종교 지도자 집단이었다. "선생님 율법 중에서 어느 계명이 크니이까"(마 22:36).

말장난의 덫을 눈치챈 예수님은 신명기 6장 말씀을 인용하신다. "이스라엘아 **들으라** 우리 하나님 여호와는 오직 유일한 여호와이시니 너는 마음을 다하고 뜻을 다하고 힘을 다하여 네 하나님 여호와를 사랑하라"(4-5절).

그분은 널리 알려진 이 성경 구절을 언급하신 뒤 곧바로 한 가지 내용을 덧붙이신다. "네 마음을 다하고 목숨을 다하고 뜻을 다하고 힘을 다하여 주 너의 하나님을 사랑하라 하신 것이요 둘째는 이것이니 네 이웃을 네 자신과 같이 사랑하라 하신 것이라 이보다 더 큰 계명이 없느니라"(막 12:30-31).

그들은 율법 중에서 가장 큰 계명이 무엇이냐고 물었다. 예수님은 두 가지 말씀을 인용하신다. "**이것들**(these, NIV)보다 더 큰 **계명**이 없느니라." 자, 여기 영어 교사가 있다면 이 문장에 문법적인 문제가 있음을 눈치챘으리라(개역개정 성경과 달리 영어 성경은 복수 대명사를 사용한다-옮긴이). 영문법으로 보면, 계명이 하나면 수식어도 하나여야 하기에 우리는 예수님이 "**이것**(this)보다 더 큰 계명이 없느니라"라고 말씀하실 거라 예상한다.

이 말씀은 문법적으로는 맞지 않지만, 영적으로는 통찰력이 있다. 예수님의 마음속에서 이 두 계명은 분리되지 않는다. 하나님 사랑과 이웃 사랑을 분리할 수 없다. 우리가 하나님과 맺는 관계와 우리가 주변 사람들과 맺는 관계를 분리할 수 없다. 나는 이 사실을 일주일에도 몇 번씩 가족과의 저녁 식사 자리에서 깨닫는다.

식사 전에 우리는 먹을 음식에 대해 하나님께 감사 기도를 드리는데, 알다시피 그리스도인이라면 보통 그렇게 한다. 집이 없고 배가 고플지도 모를 이웃을 위해서도 기도한다. 그런데 굶주린 사람들을 위한 기도는 사랑의 행동이면서도 실질적인 사랑이라는 힘든 수고를 피해 가는 교묘한 방법이기도 하다. 우리 아이들이 예수님의 계명대로 살도록 돕기 위해 내가 사용하는 방법은, 가난한 이들을 돕는 기부금이나 자원봉

사처럼 베풂을 실천하는 실제적인 방법을 알려 주는 것이다. 이것은 아이들이(부모인 우리도 마찬가지다) 예수님이 말씀하신 하나님 사랑과 이웃 사랑의 관계를 깨닫도록 돕는 간단한 방법이다.

이 두 계명은 서로를 반영한다. 하나님 사랑이 곧 이웃 사랑이고, 이웃 사랑이 곧 하나님 사랑이다.

다시 말하지만, 다른 사람을 사랑하는 것이 곧 하나님을 사랑하는 것이다. 많은 사람이 이런 이유로 교회에 나가기를 포기한다. 하나님을 사랑한다고 주장하면서 다른 사람을 홀대하는 믿음은 말이 안 된다. 우리 성품이 예수님으로 빚어지고 있는지에 대한 증거는 우리가 사랑하는 모습에서 찾아볼 수 있다.

산상수훈 전체와 복음서의 다른 여러 부분에서 예수님은 하나님 사랑과 이웃 사랑이 별개의 것이라고 여기는 삶의 방식을 "넓은 길"이라고 정의하신다. 안타깝게도, 오늘날 많은 그리스도인이 넓은 길을 걷고 있다. 교회가 우리 이웃, 곧 동성애자든, 흑인이든, 백인이든, 이민자든, 가난하든, 민주당을 지지하든, 공화당을 지지하든 가리지 않고 사랑하기를 거부한다면, 우리는 생명으로 인도하지 않는 길을 걷고 있는 셈이다.

::

도덕주의, 성공주의, 개인주의에 굴복하는 넓은 길로 빠지기가 쉽지만, 다행히도 우리가 갈 수 있는 또 다른 길이 있다. 예수님은 우리를 그 좁은 길로 초대하시며, 제아무리 오랫동안 궤도를 이탈했다 하더라도 언제나 우리를 환영하신다. 그것이 이 책의 내용이다.

좁은 길에 들어선 이에게 주시는 약속

좁은 길은 종국에 천국에 들어갈 사람 수(數)에 대한 문제가 아니다. 세상을 뒤엎고 궁극적으로는 구원하시는 예수님의 방식으로 빚어지도록 기꺼이 자신을 내드리는 사람 수에 대한 것이다.

세상이 보기에 이 길은 융통성이 없고 비현실적이며 불편하게 느껴진다(물론, 때로는 정말 그럴 것이다). 하지만 수중의 중압감에 적응하는 심해 잠수부처럼 우리가 그 과정에 온전히 자신을 맡긴다면 예수님은 우리가 불가능하다고 여겼던 놀라운 세계를 보여 주실 것이다! 우리는 안전한 수면에 머물면서 물속을 들여다보고 그 아래에 흐릿하게 보이는 아름다움을 엿볼 수 있다. **아니면,** 물속으로 뛰어들어 영광스러운 세계에 온전히 잠길 수도 있다.

깊은 물속으로 뛰어드는 게 얼마나 무서운 일인지 내가 경험해 봤기에 잘 안다. 그러니 이 여정을 함께 떠나 보자. 다행히도 좁은 길은 엘리트보다 영적으로 주린 사람들을 위한 것이다. 당신이 이 길을 따라 예수님을 따르기로 선택한다면, 그분은 뜻밖의 방법으로 당신을 만나 주실 것이다.

물론, 예수님은 당신이 만든 거짓 자아를 허물어 버리실 수도 있지만, 당신의 정체성이 지워지는 대신 당신은 온전하고 진정한 자신이 될 것이다. 인생이 쉬운 멍에이자 가벼운 짐이라는 사실을 알게 될 것이다. 진정으로 의미 있는 삶을 살 능력을 주시는 하나님의 은혜를 마주하게 될 것이다.

쉬운 일일까? 전혀 아니다. 그럴 가치는 있을까? 예수님 말씀대로 당신은 '풍성한' 삶을 발견하게 될 것이다(요 10:10). 준비되었는가? 한 번에 한 걸음씩, 이제부터 시작해 보자!

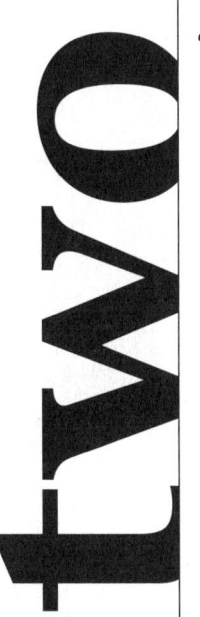

chapter 2.

환상으로 버무려진
'행복'의
진짜 의미를 찾아서

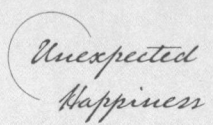

〈뉴욕 타임스〉(*The New York Times*)는 "예일대 역사상 가장 인기 있는 강의: 행복"이라는 제목의 기사를 실었다. 그 기사는 이렇게 시작한다.

> 1월 12일, 예일대학교(Yale University) 심리학과 157번 강의인 '심리학과 좋은 삶' 수강 신청이 시작된 지 며칠 만에 약 300여 명이 등록했다. 사흘 만에 그 숫자는 두 배 이상 증가했고, 그로부터 사흘 후에는 약 1,200명, 즉 예일대 학부생의 약 4분의 1이 등록했다.[1]

무엇이 이토록 폭발적인 반응을 불러일으켰을까? 저 학생들뿐만 아니라 우리 모두의 내면에는 좋은 삶을 갈망하는 무언가가 생생하게 살아 숨 쉬고 있다. 사실, 예일대에서 행복 강의를 개설하기 훨씬 전에 예수님은 산상수훈을 통해 진정한 행복, 곧 그분이 **"복"(blessedness)** 이라고 부르신 것에 대한 첫 가르침을 펼치셨다. 진정한 행복에 관한 그분의 짤막한 설교 말씀은 흔히 "팔복"(Beatitudes)이라고 불린다.

복 있는 삶

예수님이 말씀하시는 팔복에 따르면 **행복**이란 무엇인가? 스포일러 주의. 그것은 대부분의 사람이 생각하는 것과 다르다. 예수님은 주로 감정이나 기분을 묘사하는 대신, 세상을 뒤엎을 만큼 놀라운 삶의 방식(누가 위에 있고 누가 아래에 있는지에 대한 우리의 인식을 뒤집는 존재 방식)을 설명해 주신다.

예수님은 선언문을 여시면서 에둘러 말씀하시지 않는다. 시작부터 급소를 공격하신다. 그분은 널리 용인되는 지혜와 사회적 관습에 도전하고 이를 비판하며 좋은 삶이란 진정 무엇이고 누가 진정 복 있는 사람인지 자세히 설명하신다.

예수님이 설교의 시작 부분에서 해야 할 일 목록을 제시하는 대신 누가 복 있는 사람인지 알려 주신다는 점에 주목해야 한다. 거기서부터 시작해 예수님은 하나님 나라 백성들이 복을 **받기 위해** 일하는 것이 아니라 이미 복을 **받았으므로** 일한다는 점을 분명히 말씀하신다.

예수님의 제자들은 복을 **구할** 필요가 없다. 그들은 **이미**

하나님의 복을 받았다. 예수님은 인간 조건에 대해 뭔가 알고 계시는 듯하다. 우리는 평생 성공이나 복이라는 특정 사다리를 오르다가 결국 우리가 올랐던 그 사다리가 엉뚱한 벽에 놓여 있었다는 것을 깨닫게 될지도 모른다. 예수님은 친절하게도, 우리 모두가 찾고 있는 것, 곧 기쁨을 선포하신다.

누가 복 있는 자인가

복을 받는다는 건 환경이 우리를 긍정하든 부정하든 상관없이 하나님께 용납되고 인정받는 것을 의미한다. 복됨은 어떤 상황에서든 흔들리지 않는 행복과 기쁨을 낳는다.

우리가 가장 닮고 싶어 하는 사람들은 누구인가? 보통 매우 운이 좋고 행복하며 성공한 사람들이다. 한마디로, 우리는 우리가 복받았다고 여기는 사람들을 닮고 싶어 한다. 그러나 예수님은 문화적 의미로 가득 찬 이 말을 가져다가 판도를 뒤엎으신다. 왜 그런가? 그것은 인류가 건강한 신체, 풍족한 돈, 긍정적인 사고, 찬사, 최소한의 역경에 기반을 둔 '좋은 삶'에 대한 환상에 빠져 있기 때문이다.

예수님은 그 모든 걸 뒤집어 설명하신다. 그분은 사회에서 외면당하고, 지배적 문화가 하찮게 여기며, 하나님을 향한 깊은 필요를 깨달은 사람들이 바로 가장 복된 사람들이라고 말씀하신다.

예수님을 따르는 것은 성공과 의미에 대한 근본적으로 다른 채점표를 갖는 것이다. 하나님이 부와 건강, 권력, 영향력 등 우리 문화가 내세우는 성공 방식을 거부하신다는 사실은, 그것에 기반하여 살아온 많은 이들을 언짢게 한다. 하나님은 편안함을 추구하는 이들을 경멸하시는 것이 아니다. 그것은 그분은 영적 교란이 주는 유익을 아시기 때문이다. 특히 '좋은 삶'에 대한 지배적인 통념들이 위험할 때 더욱 그러하다.

이런 교란이 절실히 필요하다. 사람들이 나에 대해 어떻게 생각하는지에 지나치게 비중을 두는 나는 갈등을 피하는 것이 곧 좋은 삶이라고 무의식적으로 생각했다. 아무도 나에게 화내지 않으면 내가 잘하고 있다고 생각했다. 하지만 예수님은 사랑하기 위해 때로는 갈등이 필요하다고 보신다.

어떤 이들은 좋은 삶을 즐거움이나 여흥과 연결한다. 그런 이에게 직장이나 가정에서 고되고 단조로운 일을 견디는 것은 자기 인생에 좋은 것이 부족하다는 신호다. 더 나아가, 좋은 삶은 영향력과 권력으로 축소되기도 한다. 그러면 타인의 감탄과 존경이 목적이 된다.

그렇다면 예수님의 나라에서 좋은 삶이란 어떤 모습일까? 팔복을 하나씩 간단히 분석해 본 뒤, 그것이 우리 삶에 의미하는 바를 생각해 보자.

심령이 가난한 자

심령이 가난한 자는 복이 있나니 천국이 그들의 것임이요.
°마태복음 5장 3절

마태복음에서 예수님은 "심령이 가난한 자"라는 표현을 사용하시는데, 누가복음에서는 "너희 가난한 자"(6:20)로 나타난다. 학자들은 누가는 **물질적인** 가난을 염두에 두고 썼고, 마태는 **영적인** 가난을 의미했다는 점에 주목한다. 두 가지 모두 고려해야 한다.

영적인 가난은 하나님이 주시는 생명과 사랑이 우리에게 깊이 필요하다는 것을 인정하는 것이다. 이것은 부족함을 고백하는 것이다. 수년간, 일반적으로 종교(구체적으로 기독교)는 삶을 헤쳐 나가는 데 목발이 필요한 연약한 사람들을 위한 것이라고들 말하는 것을 들었다. 종교라는 '목발'의 필요성을 언급했던 누군가와 대화를 나누었던 기억이 난다. 나는 기독교에 대한 그의 묘사에 동의하지 않는다고 말했다. 그가 자기주장을 펼치려 할 때, 나는 기독교가 연약한 자들의 목발 그 이상이라고 말했다.

기독교는 휠체어요, 환자 이송용 침대요, 병원이다. 더 나아가 영구차다. 기독교는 당신이 다리를 절뚝거리니 목발을 제공해 주겠다고 말하지 않는다. 오히려 우리는 죽었으므로 우리를 생명으로 인도할 외부의 힘이 필요하다고 선포한다. 심령이 가난하다는 것은 바로 그런 뜻이다.

"가난하다"라는 단어는 부족하다는 기본 개념을 담은 히브리어를 번역한 것이다. 시편에서 어떤 사람을 가난하다고 말하면, 때로는 자산이나 자원이 부족하다는 뜻이기도 하나 대개는 **영적** 궁핍함을 의미한다. 시편에서는 자기에게 하나님이 필요하다고 인정한 사람들을 묘사하기 위해 **"가난"**이라는 단어를 서른 번 이상 사용한다.

예수님은 천국이 그런 사람들의 것이라고 말씀하신다. 그 나라를 물려받을 수 있는 유일한 조건은 그분 없이는 우리가 가난하다는 것을 인정하는 것이다. 이는 요한복음 15장 5절에서 예수님이 말씀하신 것과 같다. "나를 떠나서는 너희가 아무것도 할 수 없음이라."

애통하는 자

애통하는 자는 복이 있나니 그들이 위로를 받을 것임이요.

°마태복음 5장 4절

세상은 아무 문제가 없는 사람들, 언제나 사물의 밝은 면만 보는 사람들이 복이 있다고 말한다. 하지만 사실은 그렇지 않다. 예수님의 나라에서는 떠들썩하게 즐기기보다 애통함이 복을 가져다준다. 어떻게 이럴 수 있는가?

애통하는 것은 우리의 슬픔을 하나님께 가지고 간다는 뜻이다. 곧 진심으로 슬퍼하고, 삶을 미화하지 않는 것이다. 애통함은 부서진 세상과 부서진 우리 삶을 정직하게 바라보는 진정성이다.

대학 시절, 영성 형성 수업 과제 중 하나는 슬픔과 상실에 관해 여덟 쪽짜리 보고서를 쓰는 것이었다. 그것은 고통스러운 작업이었다. (다양한 신뢰의 배신과 가족의 이른 죽음을 포함하여) 어린 시절 겪은 상실들을 스스로 돌아본 것이 처음이었기 때문이다. 이것들을 정리하는 과정에서 압도적인 슬픔이 몰려왔다.

지금도 과거의 고통을 헤쳐 나가는 일은 어렵다. 하지만 그 과정에서 하나님을 만났다. 고통을 무디게 하고 다음 일로 빠르게 넘어가는 세상에 우리는 쉽게 물든다. 하지만 하나님 나라의 좁은 길에서 얻을 수 있는 기쁨은 슬픔을 없앤다고 찾아오지 않는다. 우리 삶에서 슬픔을 도려내는 것은 기쁨까지 짓밟는 일이다. 우리는 다른 모든 것을 희생하지 않고는 감정을 무디게 할 수 없다.

예수님은 우리가 슬픔 가운데 빠져 있길 원치 않으신다. 오히려 우리에게 하나님의 위로를 주신다. 그분은 우리가 상처받은 이 세상에서 하나님의 보살핌을 드러내는 사람이 되게 하신다. 우리의 현재 감정 상태를 반영하는 것 같지 않은 시편이라 할지라도 정기적으로 통독하는 것이 훌륭한 영성 실천이 되는 것도 그런 이유다. 우리가 애통하는 기도와 노래에 마음을 열면, 우리가 살아가는 슬픔에 빠진 세상으로 난 창문을 갖게 되고, 그 세상을 치유하시는 하나님의 역사에 동참하도록 초대받는다.

온유한 자

온유한 자는 복이 있나니 그들이 땅을 기업으로 받을 것임이요.
°마태복음 5장 5절

온유함은 약함이 아니다. 그것은 절제된 힘이다. 온유함은 공격적인 소유욕에 휘둘리지 않고 겸손한 신뢰를 품는다. 온유한 사람은 자신을 비하하거나 소심한 사람이 아니다. 오히려 예수님은 이런 이들이 땅을 기업으로 받으리라고 말씀하신다. 그들은 피해자가 아니라 승리자다.

이번에도 예수님은 우리가 아는 삶의 기준을 뒤집으신다. 땅('내세'의 줄임말)을 기업으로 받을 사람들은 지금 힘없고 억압받는 사람들이다. (다음 팔복이 분명히 밝히듯이) 이 말은 불의에 수동적으로 대처하라는 것이 아니다. 이것은 오늘 우리의 수고를 이끄는 내일의 희망찬 비전이다.

예수님 보시기에 가난하고 학대받고 억압받으며 소외되고 이 땅에서 마땅히 받아야 할 상속을 받지 못한 자들은 그분의 나라에서 특별한 지위를 갖는다. 예수님의 십자가 삶이 영광스러운 부활로 이어진 것처럼, 지금 고난받는 자들 또한 영광스러운 상속을 약속받는다. 이것이 바로 신비로우며 정의를 추구하는 하나님의 사랑이다.

하나님 나라에서는 온유함을 귀하게 여길지 몰라도, 나 같은 도시 사람들에게 이보다 더 어리석게 들리는 말도 없을 것이다. 대도시에 머물러 본 사람이라면, 생존하기 위해서는 공격적으로 행동해야 한다는 것을 금방 알아차린다. 브루클린에서 농구할 때 나는 우리 팀을 모아 놓고 절대 "하나, 둘, 셋,

온유!"라고 말하지 않는다. 출퇴근 시간 맨해튼에서 지하철을 탈 때 온유함은 아무 소용이 없다. 도시에서 꽉 막힌 길을 온유하게 운전하다가는 호되게 당하고 말 것이다.

우리는 뭔가를 이루려면 공격적이어야 한다고 생각하게끔 훈련받는다. 그러나 하나님 나라에서는 온유의 길이 세상을 치유하는 길이다.

의에 주리고 목마른 자

의에 주리고 목마른 자는 복이 있나니 그들이 배부를 것임이요.

°마태복음 5장 6절

주림과 목마름은 복을 대표하는 특징이 아니다. 그러나 역시 예수님의 길은 우리의 길과 다르다. 여기서 예수님이 염두에 두신 사람들은 "정의"("의"라는 단어의 훌륭한 번역)를 빼앗긴 사람들과 정의를 실현하는 사람들로 설명될 수 있다.

하나님은 정의를 갈구하는 사람들을 복 주시기를 기뻐하신다. 예수님은 "그들이 배부를 것임이요"라고 말씀하신다. 이는 하나님이 불의와 억압과 악을 영원히 종식하시는, 하나님의 궁극적인 승리를 말한다. 정의가 결핍되어 고통으로 몸부림치는 이 세상이 언젠가는 완전히 치유될 것이다.

이는 인신매매를 당해 갇혀 있는 이들, 부패한 정치인들에게 억압받는 이들, 폭력적인 관계에 묶인 이들에게 더없이 좋은 소식이다. 이 모든 경우에, 엄청난 부당함을 겪은 뒤 모든 것이 바로잡히기를 간절히 바라는 사람들은 하나님이 악을 심판하시고 정의를 세우시는 것을 보며 만족감으로 가득 찰 것이다.

또한 이 복은 더 나은 세상을 갈망하는 사람들을 위해 목소리를 내고 그들의 삶에 동참하는 사람들에게 내려진다. 누가복음 4장에 나오는 예수님의 첫 번째 설교는 소외된 이들을 위한 좋은 소식을 전한다. 복음은 취약한 사람들, 가난한 사람들, 학대받는 사람들을 해방한다. 그것은 개인, 관계, 제도를 온전하게 한다.

이 팔복은 언젠가 하나님이 이 모든 슬픔이 거짓이 되게 하실 것을 우리에게 일깨워 준다. 그분이 낮은 자를 높이시고 높은 자를 낮추시는 날, 곧 모든 억압과 착취를 끝내실 그 날이 다가오고 있다. 그렇다면 복 있는 자는 누구인가? 요컨대, 하나님이 하시듯 모든 것을 바로잡으려는 사람이다.

긍휼히 여기는 자

긍휼히 여기는 자는 복이 있나니 그들이 긍휼히 여김을 받을 것임이요.

°마태복음 5장 7절

우리는 긍휼이 아니라 비열함이 지배하는 세상에 살고 있다. 따라서 예수님이 행복(복)과 긍휼을 연관 지으신 것은 일리가 있다. 긍휼은 도움이 필요한 사람에게 도움이 되는 것이다. 이런 실천이 우리 삶에 구체적으로 드러나면, 우리는 긍휼 베푸시기를 기뻐하시는 하나님의 모습을 닮게 된다(미 7:18 참고). 하나님은 인생이 망가진 자녀들을 찾아 나서는 아버지시요, 전능한 손길로 몸이 아픈 이들을 고치는 치유자시다. 하나님은 우리 죄를 용서하시고 다시는 들추어내시지 않는 분이다. 긍휼, 순전한 긍휼이다.

이 팔복은 사람들을 혼란스럽게 한다. 긍휼히 여기는 사람만 긍휼을 받을 수 있는 것처럼 보이기 때문이다. 혼란스러워할 것 없다. 그리스도 안에 계신 하나님은 긍휼과 은혜가 끝없이 솟는 샘이다. 하나님의 긍휼은 우리가 그것을 의식적으로 구하기 훨씬 전에 찾아온다. 심지어 우리가 그 변화의 능력을 알아차리지 못하는 동안에도 존재한다. 긍휼은 앞서 역사한다. 곧 우리가 보답하기 전에 우리를 향해 다가온다.

하나님의 긍휼이 먼저 찾아온다. 그리고 그 긍휼이라는 선물을 누린 후에야 우리는 그것을 다른 이들에게 전하는 법을 배운다. 사제이자 신학자인 로널드 롤하이저(Ronald Rolheiser)가 한 노사제와 나눈 대화에서 이 점을 잘 포착한다. 어느 날 밤 그가 물었다.

"사제의 직분으로 다시 살게 된다면 뭔가 다르게 해 보고 싶으십니까?" 흠결을 찾아볼 수 없는 분인지라 나는 그가 아무런 후회도 없으리라 짐작했다. 그래서 그의 대답에 크게 놀랐다. 그는 후회가 있다고, 그것도 매우 큰 후회라고 이렇게 말했다. "사제의 직분을 다시 수행할 수 있다면 다음엔 사람들에게 좀 더 너그럽게 대하겠네. 하나님의 긍휼과 성사(개신교의 성례), 용서에 인색하게 굴지 않을 걸세. …… 사람들을 너무 엄하게 대했던 것 같아. 나와 교회가 더 많은 부담을 지우지 않더라도 충분히 힘든 사람들인데 말일세. 하나님의 긍휼을 더 과감하게 믿었어야 했는데!"[2]

이 얼마나 멋진 표현인가!
"하나님의 긍휼을 더 과감하게 믿었어야 했는데!"

마음이 청결한 자

마음이 청결한 자는 복이 있나니 그들이 하나님을 볼 것임이요.

° 마태복음 5장 8절

몇 년 전에 친구의 망원경으로 별을 관찰했다. 친구가 가리키는 별자리들이 눈에 들어오기까지 시간이 걸렸지만, 친구는 내가 집중하도록 계속해서 격려했다. 드디어 천체의 윤곽을 분별하게 되자 내 안에 기쁨이 차올랐다. 나는 초점을 맞추고 주의를 집중해 볼 수 있도록 나를 도와줄 무언가가 필요했다. 이것이 바로 예수님이 이 팔복을 통해 말씀하시는 것이다.

쇠렌 키르케고르(Søren Kierkegaard)의 말처럼 마음이 청결하다는 것은 "하나만을 원하는" 것이다.[3] 다윗이 시편 27편 4절에서 "내가 여호와께 바라는 한 가지 일 그것을 구하리니"라고 말한 것처럼 말이다. 마음이 청결하다는 것은 마르다의 동생 마리아가 예수님의 발치에서 한 행동이다. 마리아는 예수님의 발치에 앉아 그분의 모든 말씀에 귀를 기울였다(눅 10:39 참고). 예수님은 "한 가지만 필요하다. 마리아는 좋은 몫을 택했다"(42절, ESV)라고 말씀하시며 마리아를 칭찬하신다.

예수님 나라는 우리에게 한 가지에 매진하라고 요구한다. 다시 말하지만, 시야를 좁힌다고 해서 현실 세계에 눈을 감는 것이 아니다. 오히려 망원경으로 볼 때처럼 초점을 좁히면 시야가 **넓어진다**. "세상의 더러움에 마음을 오염시키지 말라"라는 말처럼 마음의 청결함을 도덕주의의 렌즈로 바라보는 경향이 있다. 물론 예수님을 따르는 자로서 우리는 항상 무언가에 의해 형성되고 있음을 알기에, 보고 듣는 것을 잘 분별해야 한다. 그러나 예수님이 여기서 주로 말씀하시는 청결이란 하나님을 우리의 마음과 사랑이 향하는 유일한 초점으로 삼는 것이다.

하나님은 물론 하나님이 지으신 창조 세계와 구별되시지만, 창조 세계 가운데 자신을 드러내신다. 하나님은 만물을 통해 당신이 그분을 보기 원하신다. 이것이 바로 신비주의자가 된다는 뜻이다. 그런데 세상이 말하는 신비주의는 대개 난해한 환상과 기이한 경험과 연관되어 있다. 기독교 신비주의의 핵심은 세상에서 하나님의 흔적을 볼 수 있는 능력이 자라는 것이다(이 능력은 은혜로 생겨난다). 하나님은 바로 지금 여기에서 우리와 만나 주신다. 이것이 하나님 나라의 좋은 소식이다. 그러나 하나님을 보려는 사람은 마음이 청결해야 한다.

그러려면 어떻게 해야 하는가? 기도와 고요함 가운데 하나님을 바라보아야 한다. 마음이 청결한 자들은 죄를 피하기보다는 하나님께 더욱 집중하는 사람들이다. 실제로 우리의 관심과 사랑을 하나님께 집중하는 것이 죄를 물리치는 가장 강력한 전략이다.

화평하게 하는 자

> 화평하게 하는 자는 복이 있나니 그들이 하나님의 아들이라 일컬음을 받을 것임이요.
> °마태복음 5장 9절

화평하게 하는 자(peacemaker)는 자신의 편안함을 희생해 올바른 관계를 위해 애쓰는 사람이다. 일반적으로 우리는 이 길을 택하지도 않고, 그게 정말로 무슨 의미가 있는지 이해하지도 못한다. 예수님은 "화평을 **지키는 자**(peacekeeper)는 복이 있다"라고 말씀하시지 **않는다**. 화평을 지키는 것과 화평하게 하는 것은 무슨 차이가 있는가?

그 차이는 바로 이러하다. 화평을 **지키는** 것은 평지풍파를 일으키지 않고 갈등을 피하려는 피상적인 행위다. 그 누구의 화도 돋우지 않는 것이다. 이는 진정한 화평이 아니다. 두려워 갈등을 피하고 사람들의 요구를 들어주는 사람은 거짓으로 화평케 하는 자다.

다음은 일상에서 볼 수 있는 몇 가지 예시다.

* 퇴근 후 늦게 귀가하는 배우자 때문에 당신은 화가 나 있다. 잔소리가 될까 봐 아무 말도 하지 않지만, 긴 하루를 보낸 뒤 저녁에마저 아이들을 혼자 돌봐야 하는 당신은 속이 부글부글 끓는다. 당신은 소심한 방법으로 적대감을 드러내며 침묵한다. 그것이 바로 거짓 화평이다.
* 직장 동료들이 상사를 비방하는 소리를 들었다. 당신은 동의하지 않지만, 소신을 말하기 두려워서 동조한다. 단지 '어색한 상황을 만들고 싶지 않아서'라고 생각한다. 그것이 바로 거짓 화평이다.
* 당신은 무책임한 남자 친구가 안쓰럽다. 당신은 혼잣말을 한다. '그래, 그는 살면서 너무 많은 고통을 겪었어. 나까지 그를 힘들게 할 순 없지.' 그래서 당신은 남자 친구의 행동이 서서히 둘의 관계를 망가뜨리고 있으며, 이러다가는 결국 관계가 깨질 거라고 그에게 솔직히 이야기하기를 포기하고 만다. 그것이 바로 거짓 화평이다.

화평을 **지키려는 태도**는 오래지 않아 당신 삶에 화평이 아니라 혼란을 불러온다. 화평하게 하는 것은 이와 다르다. 화평하게 하는 이들은 갈등을 피하지 않는다. 사실 때로는 화평하게 하려고 갈등을 **만들기도** 한다. 예수님을 보면 알 수 있다. 완벽한 사랑의 본보기인 예수님도 항상 좋은 분은 아니셨다. 적어도 요즘 사람들이 생각하는 좋은 사람이라는 개념에서는 말이다.

예수님이 성전에 난입하여 상을 엎으신 건 가난한 약자들이 이용당하고 있어서였다(마 21:12 참고). 바리새인들이 사람들에게 종교적 정죄의 멍에를 씌우는 모습을 보신 예수님은 거친 말로 그 종교 지도자들과 맞서셨다.

예수님의 삶이 보여 주듯이 화평하게 하는 것은 종종 저항에 부딪힌다. 역설적으로, 화평하게 하는 것은 전쟁을 시작한다는 의미다. 하나님의 화평은 악의 착취적인 계획을 뿌리 뽑는데, 그 악은 싸우지 않고는 물러나지 않을 것이다. 이는 박해에 대한 예수님의 마지막 팔복으로 이어진다.

의를 위하여 박해를 받은 자

의를 위하여 박해를 받은 자는 복이 있나니 천국이 그들의 것임이라 나로 말미암아 너희를 욕하고 박해하고 거짓으로 너희를 거슬러 모든 악한 말을 할 때에는 너희에게 복이 있나니 기뻐하고 즐거워하라 하늘에서 너희의 상이 큼이라 너희 전에 있던 선지자들도 이같이 박해하였느니라.
°마태복음 5장 10-12절

이 팔복은 마음이 나약한 사람들을 위한 것이 아니다. 세상은 화평하게 하는 자를 원하지만, 화평을 이루려면 종종 불안과 갈등에 사로잡힌 상황 속으로 뛰어들어야 한다. 문제는, 사람들이 자기 이익을 위해 약한 이들을 함부로 다루지 못하게 하는 새로운 삶의 방식에 저항할 때, 이러한 저항이 폭력으로 이어지기도 한다는 것이다.

예수님이 "**의를 위하여** 박해를 받은 자는 복이 있다"라고 말씀하시는 점에 주목하자. 예수님은 순전히 '자기 의'를 위해 또는 종교적 열의나 다른 것들을 위해 박해를 받은 자들에게 복을 주시지 않는다. 고집과 자존심 때문에 생긴 고난조차도, 우리는 그 모든 고난을 '의로움'에 대한 보상이라고 쉽게 착각하곤 한다.

진정한 박해란 의(정의)를 위해 한결같이 헌신한 결과, 부당한 대우를 받을 때 찾아온다. 분명한 것은, 우리가 예수님과 동행하면 어떤 이들은 우리에게서 등을 돌리고 말 것이다. 하지만 다행스럽게도 결국에는 그런 부당한 대우가 복이 된다. 포기하지 말라!

'좋은 삶'의 참된 의미

자, 숨을 크게 들이쉬어 보자. 예수님은 우리를 위해 많은 것을 문화적, 심리적으로 재정립하고 계신다. 예수님의 좁은 길을 따르는 것이 좋은 삶, 즉 **최고의 삶**으로 이어지는 이유를 알려 주는 이 팔복을 세 가지 원칙으로 간단하게 정리해 보자.

첫째, 강한 사람보다 약한 사람이 복이 있다. 예수님이 강조하신 단어들을 다시 떠올려 보자. **가난, 애통, 온유, 긍휼**. 우리가 사는 세상의 권력 구조에서는 생소한 단어들이다. 성공하지 못한 500대 기업 명단을 집중 조명하는 잡지는 없다. 당신은 부유하고 권력을 쥔 자들의 기사만 읽게 될 것이다. 여러 문화에서 애통하는 건 곧 연약하다는 뜻이다. 다 큰 남자는 울지 않는다. 그렇지 않은가?

고통과 상실감을 느끼는 사람들은 근성을 가지고 앞으로 나아가는 사람들보다 열등하다고 여겨지는 경우가 많다. **온유함**(meekness)과 **연약함**(weakness)은 발음도 비슷하니 더 설명할 필요도 없다. 긍휼을 베푸는 행위는 대개 정치적, 사회적 관대함쯤으로 취급받는다.

예수님은 이런 생각을 뒤흔드신다. 스스로 뭐든 다 해내는 사람이 아니라 예수님의 능력에 의존하는 사람이 복이 있다. 온유함과 은혜로 사는 사람이 가장 복된 사람이다. 세상의 파워 게임을 거부하는 이들은 특별히 더 하나님 가까이에 있다.

둘째, 좋은 삶은 우리가 드러내는 사랑의 질(quality)과 직결된다. 예수님의 팔복은 사랑이 좋은 삶을 만든다고 주장한다. 정의와 의에 주리는 것, 화평하게 하는 자가 되는 것, 긍휼을 베푸는 것, 이 모두가 사랑의 표현이다. 하나님 나라에서 가장 행복한 사람이란 더 큰 소유와 권력을 축적하는 사람이 아니라, 사랑을 지향하는 사람이다. 예수님과 발맞추어 걷는 건 사랑의 길을 걷는 것이다. 분열이 있던 곳에 화해를 불러오는 사랑, 원망이 아니라 긍휼을 기뻐하는 사랑, 수수방관하지 않고 불의를 종식하려고 애쓰는 사랑, 그런 사랑을 실천하는 길이다. 이것이 바로 예수님이 말씀하시는 우리 영혼을 만족시키는 삶으로 가는 길이다.

마지막으로, 하나님이 복 주시는 삶은 본질적으로 십자가의 모습을 띤다. 예수님은 복 있는 사람들도 문제에서 자유롭지 않다고 분명히 말씀하신다. 오히려 그들은 세상의 가치관을 뒤엎는 예수님의 길을 증거하며 고난을 **견딘다.**

나도 예수님을 따르면 늘 아무런 제약 없이 편안하고 한가로운 삶을 살게 될 거라고 말하고 싶다. 하지만 예수님이 팔복에서 가르치시듯이, 복된 삶은 십자가와 연결되어 있다. 그리스도의 본을 따라 살아가는 것은 우리의 자아, 거짓 자아, 그리고 자기중심성을 부추기는 세상 문화에 대해 죽는 것을 요구한다.

그리고 여기 영광스러운 소식이 있다. 십자가의 표징은 예수님의 길을 선택한 모든 이들을 앞으로 하나님이 친히 옹호하시리라는 표징이다. 하나님은 예수님을 죽음에서 살리셨듯이, **당신**도 죽음에서 살리실 것이다. 하나님이 그 아들 예수님을 옹호하셨듯이, 그 아들의 길을 선택한 이들 또한 옹호하실 것이다.

그러니 사랑하는 여러분, 용기를 내길 바란다. 불편함 가운데서도 예수님을 따르면 당신은 하나님이 말씀하신 복 있는 사람이 될 것이다.

chapter 3.

의로움을
뽐내고 싶은
욕망의 사슬을
끊다

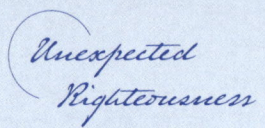

 누군가의 선행이 소셜 미디어에 소개되지 않는다면, 그것은 실제로 일어난 일인가? 어떤 기부가 사진에 찍히지 않고 입소문도 나지 않는다면, 그것은 가치 있는 일일까? 농담 같기도 한 이런 질문들은 내가 살아오며 느꼈던, 다른 사람들에게 내 선량함을 드러내려는 간절한 욕구를 지적한다. 요즘에는 이런 현상을 가리켜서 "미덕 과시"라는 말까지 생겼다.

 예수님에 따르면 이는 아주 오래된 투쟁이자 원초적인 유혹이다. 우리는 남들에게 알려지고 눈에 띄길 원하지만, 조심하지 않으면 이러한 갈망은 영혼을 갉아먹는 일종의 보여 주기식 행동이 될 수 있다.

 산상수훈의 한가운데 자리한 마태복음 6장에서 예수님은 겉만 번지르르한 영성을 완전히 엎으신다. "사람에게 보이려고 그들 앞에서 너희 의를 행하지 않도록 주의하라 …… 너는 구제할 때에 오른손이 하는 것을 왼손이 모르게 하여"(1, 3절).

 예수님은 그분의 좁은 길의 핵심적인 특징이 '드러내지

않음'이라고 말씀하신다. 나처럼 본능적으로 남의 눈에 띄려고 애쓰는 사람들에게 이는 중요한 단어다. 공감하는가? 소셜 미디어는 남의 눈에 띄고 싶은 갈망을 우리 안에 만들어 냈다(혹은 드러냈다). 누군가가 잘 말했듯이, 현재의 젊은 세대와 새로이 부상하는 세대는 '알림 세대'라고 묘사될 수 있다.

알림(숫자가 쓰인 빨갛고 파란 그 탐나는 동그라미)을 받을 때마다 뇌에서 도파민이 분비된다. 이 악순환은 끊기 어렵다. 눈에 띄는 것이 무관심보다 낫기에 부정적인 댓글이라 하더라도 그것을 받는 데 여전히 중독되어 있다.

남들에게 알려지고 눈에 띄는 것은 우리 마음속 깊은 갈망이다. 하지만 아무런 제재가 없는 상태에서 우리는 오직 하나님에게서만 받을 수 있는 것을 다른 이들에게서 얻으려는 보여 주기식 영성의 끝없는 악순환에 갇히게 된다.

그렇다면 우리를 향한 예수님의 경고는 단순히 훌륭한 영성이 아니라 뛰어난 심리학이기도 하다. 그분의 제자가 되려면 단지 종교적인 행동만 하는 것이 아니라 온전한 한 사람이 되어야 한다. 이때 종종 우리의 발목을 잡는 것은 우리의 내적 자아를 알지 못하는 자기 인식 부족이다. 우리는 이것을 어떻게 극복해야 할까?

올바른 자기 인식 VS 잘못된 자기 인식

남의 눈에 띄고 싶어 하는 끈질긴 욕망에 맞서 싸우기 위해 예수님은 우리를 드러내지 않는 삶으로 부르신다. 하나님 나라의 역설은 분명하다. 예수님의 좁은 길은 말한다. 우리가 강해지려면 약해져야 하고, 으뜸이 되려면 꼴찌가 되어야 하며, 위대해지려면 가장 작아져야 한다. 이와 마찬가지로, 진정으로 보이려면 오히려 숨겨져야 한다.

이러한 드러내지 않는 삶이 쉽지 않은 이유는, 예수님이 세상에 자신을 드러내지 않는 것을 넘어, 스스로에게조차 자신을 과시하지 않는 삶을 말씀하시기 때문이다. 이를 더 잘 이해하려면 '올바른 자기 인식'과 '잘못된 자기 인식'을 비교해 보는 것이 도움이 될 것이다.

올바른 자기 인식은 우리를 억압하는 삶의 영역을 꿰뚫어 본다. 자유롭고 풍성하며 사랑하는 삶을 살지 못하게 방해하는 요인들을 명확히 파악하도록 돕는다. 올바른 자기 인식은 우리의 반응과 그 유발 요인에 초점을 맞추게 하고, 우리가 행한 일과 행하지 않은 일들을 성찰하도록 이끈다. 올바른 자기 인식은 겸손으로 이어지며 우리를 성장 과정으로 이끈다.

예수님은 "너는 구제할 때에 오른손이 하는 것을 왼손이 모르게 하"⁽마 6:3⁾라고 말씀하시며 우리를 '거룩한 숨겨짐'으로 초대하신다.

여기서 나는 잘못된 자기 인식의 유혹에 빠지기도 한다. 자기 의에 초점을 맞출 때 자기 인식은 해가 된다. 자신의 선행에 사로잡혀 스스로를 칭찬하며 자기만족에 빠져 살게 된다. 잘못된 자기 인식은 우리의 행위에 집착하고 영적 성장을 과장한다. 나 역시 내 성과에 지나치게 집착한 적이 많았다.

운동할 때 나는 필요 이상으로 거울을 들여다보는 경향이 있다. 팔굽혀펴기 스물다섯 번을 마치면 내 가슴 근육이 전문 보디빌더 같다는 생각이 들곤 한다. 그래서 사실을 확인하려 거울 앞으로 달려가지만, 매번 크게 실망한다. 내 성장을 기록하려는 성향은 그날그날 나를 절망이나 자부심에 가두곤 한다. 이 모든 것을 통해 내가 발견한 것은, 가장 성숙한 사람들은 자신의 성과에 사로잡히지도 않고, 실패에 허우적거리지도 않는다는 점이다.

성과에 몰두하는 삶

성과를 위한 삶은 진이 빠진다. 예수님은 더 나은 길을 제시하신다. 항상 '최고여야' 한다는 강박에 지쳐 있지는 않은가? 끊임없이 인정받기 위해 애쓰는 것이 힘들지 않은가? 모든 것이 제대로 되어 있지 않으면 하나님이 실망하실 것 같다고 느껴 본 적이 있는가?

예수님은 모든 결정마다 고뇌하는 병적인 신중함에 사로잡힌 영성으로 우리를 인도하시지 않는다. 오히려 우리의 선행이 자라나는 토양을 점검하라고 부르신다. 우리가 독선이나 우상숭배에 빠지지 않도록 하시기 위함이다. 독선이 위험한 이유는 우리의 선행이 하나님의 은혜를 가릴 수 있기 때문이고, 우상숭배가 위험한 이유는 우리도 모르는 사이에 하나님이 아닌 사람들의 찬사를 숭배하기 쉽기 때문이다.

우리의 행위를 다른 사람 앞에서 보이기 위해 행한다면, 우리는 아버지께 받을 보상을 잃게 된다. 하나님의 칭찬을 받기보다 사람들의 인정에 안주하게 된다. 물론 예수님은 인정과 보상 자체가 하나님 나라의 삶과 어울리지 않는다고 말씀하시지 않는다. 다만 그것을 위해 사는 삶이 어리석다는 점을 분명히 하신다. 다른 사람들의 칭찬, 소셜 미디어의 '좋아요' 같은 것들은 금세 사라진다. 아버지 하나님의 인정만이 우리 마음을 가득 채울 수 있다.

현실 세계에서 이러한 '드러내지 않음'은 어떤 모습일까? 예수님이 그 드러내지 않는 삶을 완벽하게 구현하셨으므로 그분의 삶을 길잡이로 삼아 보자.

세상의 얄팍한 칭찬으로부터 자유로워지다

깜짝 놀랄 사실을 알려 주겠다. 예수님이 세상에서 보내신 33년 가운데 30년(생애의 약 90%)은 상대적으로 잘 알려지지 않았다. 주기적으로 수많은 사람을 이끌고 대중 앞에서 말하는 사람에게 이는 굉장히 힘든 일이라고 생각한다. 로널드 롤하이저는 우리가 예수님의 본보기를 어떻게 따를 수 있는지 이렇게 설명한다. "평범한 삶으로도 충분할 수 있지만, 우리는 먼저 무명의 순교를 겪고 그리스도의 숨겨진 삶으로 들어가야만 한다."[1]

드러내지 않음을 귀하게 여긴다고 해서 세상과 분리되어 수도원에 들어가야만 한다는 뜻은 아니다. 오히려 드러내지 않는 삶은 세상의 얄팍한 칭찬으로부터 자유로워지는 것이다.

복음서를 보면, 예수님의 가르침과 기적에 감탄하는 사람들이 끊임없이 몰려들었지만, 그분은 그 점을 이용하시지 않는다. 요즘 말로 하면, 셀카(#깨끗해진나병환자)조차도 올리시지 않는다. 한번은 사람들이 예수님의 기적을 보고 놀랐을 때 그분은 이렇게 반응하신다. "유월절에 예수께서 예루살렘에 계시니 많은 사람이 그의 행하시는 표적을 보고 그의 이름을 믿었으나 예수는 그의 몸을 그들에게 의탁하지 아니하셨으니 이는 친히 모든 사람을 아심이요"(요 2:23-24).

사람들이 그분을 유명 인사로 만들려 할 때조차도 예수님은 이를 저지하신다. 그분은 플랫폼의 유혹에도 흔들리지 않으신다. 부활하실 때도 그분은 드러내지 않음을 소중히 여기셨다. 만약 나였다면, 나를 십자가에 못 박은 자들의 집을 찾아가 그들이 무서워 죽을 것 같게 만든 뒤 만물을 다스리는 내 능력을 보여 줄 것이다. 그러나 예수님은 세상을 휩쓸어 버리는 대신 그저 친구들을 찾아가 그들에게 복음을 전파하라고 말씀하신다.

이렇게 살기란 쉽지 않다. 특히 소셜 미디어를 사용하는 사람들은 더욱 그러하다. 소셜 미디어는 우리가 뱀의 원초적인 거짓말을 믿도록 유혹한다. "너도 하나님과 같이 될 수 있어"(창 3:5 참고). 소셜 미디어는 우리가 모든 것을 알 수 있고, 어디에든 존재하며, 말을 가지고 모든 것을 좌지우지할 수 있다는 착각을 심어 준다. 이는 우리가 전지하고(omniscient) 편재하며(omnipresent) 전능하다(omnipotent)는 달콤한 거짓말이다.

하나님 나라의 놀라운 점은 하나님은 전지하고 전능하며 어디에나 계시지만, 그분의 임재와 역사는 종종 대중과 멀리 떨어진 곳에 임한다는 사실이다.

디베료 황제가 통치한 지 열다섯 해 곧 본디오 빌라도가 유대의 총독으로, 헤롯이 갈릴리의 분봉 왕으로, 그 동생 빌립이 이두래와 드라고닛 지방의 분봉 왕으로, 루사니아가 아빌레네의 분봉 왕으로, 안나스와 가야바가 대제사장으로 있을 때에 하나님의 말씀이 빈 들에서 사가랴의 아들 요한에게 임한지라.

° 누가복음 3장 1-2절

누가는 당대의 권력 있는 모든 정치 및 종교 지도자들을 열거한 뒤 하나님의 말씀이 그들을 건너뛰고 빈 들에 있는 요한에게 임했음을 강조한다. 하나님이 임재하시고 역사하시는 장소는 위대한 권력자의 회랑에서는 찾아볼 수 없다. 복음서는 의외의 장소에 등장하시는 하나님에 대해 말한다. 하나님이 역사하시는 최고의 장소는 사회적으로 힘 있는 자들 눈에 드러나지 않게 감춰져 있다. 하나님의 손길은 모든 것에 닿아 있지만, 그 능력의 중심은 감춰져 있다.

드러내지 않는 삶의 중요성에 관한 예수님의 가장 중요한 가르침 가운데 하나는 성령에 대한 말씀이다. 이 말씀은 일부러 찾아보지 않으면 놓치기 쉬우므로 천천히 살펴보도록 하자.

성령을 본받아

예수님은 십자가에 달리시기 전에 제자들과 함께한 시간을 마무리하시며 성령에 관한 이 감동적인 말씀을 전하신다. "그러나 진리의 성령이 오시면 그가 너희를 모든 진리 가운데로 인도하시리니 그가 스스로 말하지 않고 오직 들은 것을 말하며 장래 일을 너희에게 알리시리라"(요 16:13). 유진 피터슨(Eugene Peterson)은 예수님의 이 말씀을 풀이하면서, 성령이 "자신에게 이목을 끌지 않는다"라고 말했다(메시지 성경). 어떤 사람들이 성령을 "드러내지 않는 영"이라 부르는 것도 이런 까닭에서다.

성령은 예수님께 경의를 표한다. 성령은 인기를 독차지하기보다 다른 이를 돋보이게 하려는 경향이 있어 예수님을 중심에 두는 것을 기뻐하신다. 예수님은 이렇게 말씀하신다. "그가 내 영광을 나타내리니 내 것을 가지고 너희에게 알리시겠음이라"(14절).

삼위일체 하나님 안에는 자리를 차지하려는 경쟁이 없다. 세 위격은 철저하게 타인에게 초점을 맞춘다. 세 위격의 상호 작용이 성경에 어떻게 기록되어 있는지 한번 보라. 성부 하나님은 성자 하나님을 인정하신다. "이는 내 사랑하는 아들이요 내 기뻐하는 자니 너희는 그의 말을 들으라"(마 17:5). 성자 하나님은 언제나 성부 하나님을 가리키신다. 예수님은 이런 말씀들을 하셨다. "아버지는 모든 것보다 위대하시다. 나는 아버지께서 하시는 것을 보고 그대로 할 뿐이다." 그리고 성령 하나님은 언제나 성자 하나님을 가리키신다.

핵심은 이것이다. 만약 성령이 삼위일체 하나님의 사랑 안에서 안전하고, 그 성령이 당신 안에 거하신다면, 그분은 당신 또한 안전감을 누리기를 원하실 것이다. 그분은 당신이 하나님께 사랑받고 용납되었음을 일깨워 주실 것이다. 그러나 그런 신학적 진리를 중심으로 삶의 질서를 세우려면 본능을 거스르는 구체적인 훈련이 필요하다. 성과에 얽매이지 않는 삶은 어떤 모습일까? 가식의 쳇바퀴에서 어떻게 벗어날 수 있을까?

드러내지 않음을 실천하려면

몇 가지 실천 방법을 소개하겠다.

드러내지 않음은 내향적 성격이 아니라 내면 성찰에 관한 것이다
드러내지 않음을 특정한 성격과 연관 짓는 건 오해다. 내향적인 사람도 다른 사람들에게 인정받고 싶어 할 수 있다. 외향성과 마찬가지로 내향성은 미덕이 아니다. 이런 성격 특성은 우리가 무엇을 할 때 에너지를 얻고 무엇을 할 때 에너지가 소모되는지 이해하는 데 도움이 되는, 관계 맺음의 선호 방식일 뿐이다. 우리가 어떤 성향인지에 따라 내향성이나 외향성을 더 '영적'으로 볼 수도 있지만 그리스도를 닮는 것은 성격 선호도보다 훨씬 더 심오하다.

드러내지 않음은 우리가 삶의 내면을 점검하는 내면 성찰로 우리를 이끈다. 우리는 내면을 성찰함으로써 성장한다. 자신의 동기, 반응, 불안, 충동에 주의를 기울일 때 우리 내면을 들여다볼 영혼의 창문을 얻는다. 어느 시점에는 우리는 다른 사람들의 칭찬과 인정을 바라는 삶을 살고 싶은 유혹이 들 것이다. 대중에게 말하는 직업을 가진 내게는 이런 유혹이 주기적으로 찾아온다. 내가 충분하다고 사람들이 인정해 주기를 기대하는 한 나는 예수님과 발맞추지 못하는 것이다.

물론 당신의 선행을 격려하고 인정해 주는 관계가 필요하지만, 선을 넘는 경우가 있다. 단순히 격려받는 것을 넘어, 건강하지 않게 이를 맹목적으로 추구하게 되는 것이다. 그 선은 오직 당신만이 명확히 파악할 수 있다.

나는 대중과 소통하는 사람이기에 강연이 끝난 후에도 자리에 남아 긍정적인 반응을 확인하고 싶을 때가 있다. 한번은 대형 강연을 마치고 난 뒤 사람들의 칭찬을 좀 더 듣고 싶은 익숙한 충동을 느꼈지만, 비행기를 타기 위해 곧바로 자리를 떠야 했다. 공항으로 차를 몰고 가면서 그 자리에 머물렀다면 듣게 되었을 모든 격려와 칭찬을 놓쳤다는 사실이 아쉬웠다. 잠시 후 나는 하나님이 내가 드러내지 않음을 실천하기 원하신다는 걸 깨달았다. 내면 성찰을 실천한다고 해서 칭찬에 대한 욕망을 완전히 없애지는 못하지만, 이 욕망을 제어하는 데는 확실히 도움이 된다.

드러내지 않음에는 부재의 시간이 필요하다

내면 성찰을 넘어, 드러내지 않음은 '부재의 시간'을 통해 길러진다. 복음서에서 예수님은 정기적으로 한적한 곳으로 물러나시는데, 특히 사역의 풍성한 결실을 맺은 후에 그러셨다. 이는 군중들로부터 예수님 자신을 보호하시기 위해 꼭 필요한 리듬이었다. 군중의 칭찬에 현혹되면 우리 영혼은 엄청난 위험에 노출된다. 유진 피터슨의 말처럼 "교회 지도자들은 흔히 마약이나 성에 대해 경고하지만, 적어도 미국에서는 군중에 대해 경고하는 일은 거의 없다."[2]

따라서 드러내지 않음을 실천하기 위해서는 안식일과 금식의 시간이 필요하다. 안식일에 우리는 일을 쉬도록 부름받는다. 우리가 하는 일은 많은 이에게 자아감과 깊이 연관되어 있다. 단 하루라도 일을 멈추는 것은 우리의 정체성과 충분함에 의문을 품게 할 수도 있다. 그런 점에서 안식일을 지키는 건 이레 중 하루를 의도적으로 성과가 아닌 쉼에 초점을 맞춘다는 의미다.

금식에 대해 말할 때 나는 주로 소셜 미디어를 염두에 둔다. 우리는 정보를 찾고 다른 사람들에게 인정받기 위해 쉼 없이 전자 기기에 의존한다. 우리가 무언가로부터 자유롭다는 걸 보여 주는 방법 중 하나는 하나는 기꺼이 그것과 떨어져 있는 것이다. 소셜 미디어 금식 실험을 하며 나는 당연하지만 중요한 원리를 깨달았다. 게시물을 적게 올릴수록 덜 확인한다. 반대로, 많이 올릴수록 더 자주 확인한다.

하루, 일주일, 또는 한 달 동안 휴대전화에서 앱을 삭제하면(매년 어느 시점에 꼭 해 보는 일이다), 하나님과 내 주변 사람들을 위해 내 영혼에 여유가 생김을 경험한다. 규칙적으로 물러나지 않는다면 결국 우리 영혼은 메마를 것이다.

드러내지 않는 삶, 기도할 때만 가능하다

예수님이 드러내지 않는 삶을 강조하신 산상수훈의 같은 부분에서 우리에게 기도하라고 이르신 것은 결코 우연이 아니다. 드러내지 않는 삶이 어려울 수 있지만, 그것이 당신이 홀로 있다는 의미는 아니다. 예수님은 이렇게 말씀하신다. "너는 기도할 때에 네 골방에 들어가 문을 닫고 은밀한 중에 계신 네 아버지께 기도하라 은밀한 중에 보시는 네 아버지께서 갚으시리라"(마 6:6).

기도할 때 우리는 다른 사람의 환심을 사기보다 하나님과의 교제에 집중한다. 침묵 속에서 우리는 성부, 성자, 성령 하나님과의 동행에 뿌리내린다. 묵상 가운데 우리는 하나님의 품, 곧 거룩한 성소로 초대된다. 기도는 우리 내면의 어두운 그림자가 끝없이 요구하는 바를 물리친다. 이 그림자는 사람들의 칭찬에서 오는 보상을 통해 자기 존재를 정당화하려는 우리의 일부분이다.

하나님이 보시며 상 주신다

예수님은 이 세 가지 방식으로 우리가 하나님께 우리 자신을 드릴 때 보상을 받으리라는 기쁜 소식을 선포하신다. 그 상이 무엇일지는 우리가 알 수 없지만(아마도 하나님 아버지의 사랑 가득한 인정과 관련될 것이다), 확실한 것은 예수님이 당신을 보고 계신다는 사실이다. 다른 사람들의 칭찬은 일시적이며 사라지지만, 그분의 보상은 영원하다.

하나님은 당신이 은밀하게 행하는 선한 일을 보신다. 당신에게 찾아온 모든 좋은 것들을 곰곰이 생각해 보면 그것이 은밀한 중에 주시는 하나님께로부터 비롯되었음을 깨달을 것이다. 그분은 당신에게 복 주시기를 기뻐하신다. 당신도 그렇게 하기로 선택하면 하나님을 조금 더 닮아 가게 될 것이다.

○ 막간

기도 없이는
한 발도 뗄 수 없는 길

자, 성(性), 돈, 염려, 용서 등에 관한 예수님의 가르침에 들어가기에 앞서 이 계명들이 얼마나 어려울지 미리 절망하지 않도록 잠깐 숨을 돌려보자. 산상수훈에 나오는 모든 내용(이 책의 모든 내용)은 당신에게 더 애쓰고, 의지를 쥐어짜며, 완벽한 삶을 살라고 말하지 않는다. 당신도 나도 그렇게 할 수 없다. 그렇다면 어떻게 해야 할까?

산상수훈 한가운데에 예수님의 좁은 길을 걷는 비결이 감춰져 있다. 바로 기도다. 기도는 우리가 예수님을 따르는 데 도움이 되는 첫걸음이자 핵심적인 능력이다. 그분처럼 살려면 그분처럼 기도해야 한다. 다시 말해, 예수님을 따르는 것은 단지 기술이나 근성의 문제가 아니라, 기도 가운데 하나님과 함께하는 삶으로써 가능해진다.

예수님과 그분의 나라의 길을 따르려면, 그분을 닮아 가야 한다. 그분처럼 살려면 그분과의 교제가 전제되어야 한다. 이러한 교제는 마음을 사로잡고 생각을 붙들며 의지를 이끄는 기도에서 흘러나온다.

예수님의 첫 제자들은 이를 잘 이해했다. 누가복음에 나오는 한 이야기에서 제자들은 예수님께 기도를 가르쳐 달라고 요청했다(눅 11:1 참고). 유대인 소년이라면 분명 기도를 하며 자랐을 것이기에, 언뜻 생각하면 이 요청은 이상하게 들렸다. 보통의 유대인 소년들은 구약성경 전체를 암기하며 자랐다. 제자들은 평생 수없이 많은 기도를 해 왔다. 그들은 올바른 단어와 정확한 운율을 알았지만, 예수님의 삶을 관찰하면서 자신들이 기도를 제대로 하고 있지 않다는 것을 깨달았다. 무언가 빠진 게 있었다.

그들은 말은 있었지만 불이 없었다.

성경을 암송했지만 그것을 내면화하지 못했다.

제자들은 자신들이 경배하는 하나님에 **대해 알고** 있지만, 예수님은 그들의 조상이 믿었던 바로 그 하나님을 **진정으로 아시는** 듯했다.

그들은 예수님의 기쁨, 평안, 능력, 사랑을 관찰하며, 예수님이 그렇게 사시는 이유가 (어느 정도) 그분의 기도 습관 때문이라고 결론 내린다. 그래서 예수님께 가르쳐 달라고 청한다.

성경에 기록된 제자들의 유일한 요청이 기도와 관련되어 있다는 점이 흥미롭다. 제자들은 "예수님, 설교하는 법을 가르쳐 주십시오"라거나 "악령 쫓는 방법을 가르쳐 주십시오"라고 말하지 않는다. 놀랍게도 그들은 물을 포도주로 만들거나 보리떡을 늘리는 방법을 알려 달라고도 하지 않는다(나라면 그 메시아 마스터클래스에 분명 등록했을 것이다). 대신에 그들은 예수님의 삶의 원천이 하나님과의 교제임을 깨달았다.

예수님은 제자들의 요청을 들으시고 기도하는 법을 가르쳐 주신다. 예수님의 기도에서 앞으로 우리의 여정에 도움이 될 세 가지 중요한 교훈을 강조하고자 한다.

첫째, 예수님을 따르려면 하나님의 권능이 필요하다. 자급자족이 아니라 의존이 필요하다. 이것은 선물(우리는 혼자서는 할 수 없다는 것을 알기에)이자 동시에 도전(우리는 스스로 하려 하기 때문에)이다. 그리스도인의 삶에서 놀라운 점은 기도 가운데 하나님께 더 많이 순종할수록 하나님이 우리에게 예수님처럼 살 수 있는 능력을 더 많이 주신다는 것이다.

교회는 성령의 임재를 통해 탄생했다. 그리스도인은 성령의 사역을 통해 거듭난다. 그리스도인의 형성(성화)은 성령이 지속적으로 능력을 주셔야만 가능해진다. 예수님을 닮아 가는 삶은 항상 하나님과 함께하는 것을 요구할 것이다.

둘째, 기도는 우리가 하나님께 드리는 요청 목록이 아니라 우리 안에 그분의 사랑을 형성하는 훈련이다. 흔히 기도는 우리가 바라는 모든 것을 하나님이 허락하시도록 만드는 전략으로 여겨진다. 사람들이 주로 취하는 접근 방식은 요청 목록을 만드는 것이다. 물론, 그렇게 해야 할 때도 있다. 기도하며 하나님께 우리의 요청을 아뢰는 것은 겸손의 아름다운 표현이지만, 그것이 우리가 기도하는 **유일한** 이유가 된다면 하나님과 우리의 관계는 거래가 되고 만다.

하나님은 자녀들에게 좋은 선물로 복 주기를 기뻐하시지만, 기도는 하나님**에게서** 무언가를 얻어 내는 것이라기보다 그분과 **함께하는** 것이다. 나아가 기도는 다른 사람들과의 교제를 이루어 내기 위한 교제이기도 하다. 요컨대, 기도는 사랑이다.

마지막으로, 기도는 단순한 마음을 단순한 언어로 드리는 것이다. 기쁜 소식은, 우리는 기도할 때 신학자가 되거나 고대 영어로 말할 필요가 없다! 사실 예수님이 제자들에게 기도를 가르치셨을 때 그 기도는 어린아이도 외울 수 있을 정도로 간단했다. 하나님과의 교제는 화려한 독백이 아니라 단순한 언어에서 비롯된다. 겸손히 의지하며 우리의 생각과 마음을 그분께 올려드릴 때, 우리는 좁은 길을 걷는 데 필요한 자원을 받는다.

우리가 기도 생활을 소홀히 한다면, 예수님의 가르침을 따라야 한다는 생각은 우리를 압도하고 낙심하게 만들 것이다. 왜일까? 예수님의 가르침은 이 세상의 것이 아니기 때문이다. 그리고 이 세상의 것이 아닌 가르침은 초월적인 힘을 요구한다. 당신은 그 힘을 날마다 활용할 수 있다.

자, 이 모든 내용을 기억하면서 함께 이 여정을 계속 이어가 보자.

THE NARROW Path

Part 2.
좁지만 생명 충만한 예수의 길 걸어가기

일상에서

피어나는

진짜 제자도

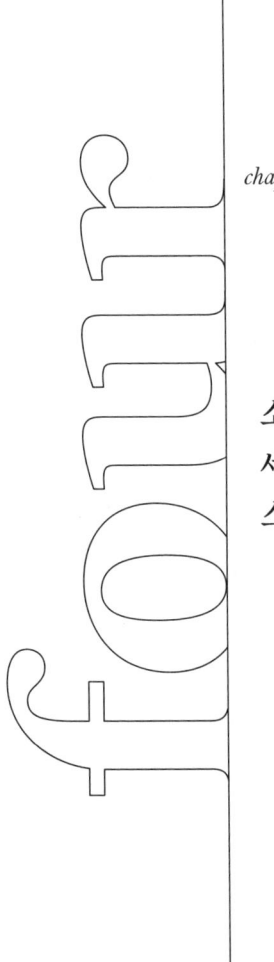

chapter 4.

소금과 빛으로
세상 한복판에
스며들다

하나님은 우리가 우리 자신을 볼 때보다도 더 많은 것을 우리에게서 보신다. 이 얼마나 좋은 소식인가! 성경을 넘기다 보면, 언제나 결점투성이 인물들을 만난다. 그들은 하나님을 만나 그분의 도우심으로 전혀 생각지도 못했던 은사와 소명을 개발하기 전까지는 대단치 않아 보인다. 운 좋게도 나 역시 그것을 직접 경험했다.

내가 열아홉이라는 어린 나이에 설교할 용기를 낼 수 있었던 이유는 하나님이 여러 설교자를 통해 나에게 말씀하셨기 때문이다. 그들은 나보다도 먼저 내 안의 무언가를 알아보았다. 정처 없는 방황과 불안의 시기를 보낸 후 나는 예수님께 내 삶을 바쳤다. 예수님의 은혜에 압도당한 나는 복음을 전하고 싶다는 흔들리지 않는 열망을 느꼈지만 나를 주저하게 하는 질문들을 품고 있었다. '설교하기에 내가 너무 어린 것은 아닐까? 학위를 먼저 따야 하는 걸까? 목사 안수를 받을 때까지 기다려야 할까? 하나님은 내가 설교문을 작성하기 전에 이런 고민들을 정리하길 바라실까?……' 질문은 꼬리에 꼬리를 물었다. 그러나 그 질문들은 빠른 시일 내에 응답받았다.

내가 다니던 브루클린의 조그만 교회에서 청소년 예배 모임을 주최했다. 우리는 때때로 다른 교회의 청소년 예배에 방문하기도 했다. 놀랍게도, 그런 모임에서 이전에 한 번도 만난 적 없는 목사님들이 내 목회 소명을 확인시켜 주곤 했다.

내가 속한 (라틴계 오순절파) 교회는 전통적으로 초청 설교자가 사람들을 앞으로 불러 축복이나 능력의 말씀, 곧 예언의 말씀을 전하는 자리를 만들곤 했다. 이 모든 것이 내게는 매우 새롭고 낯설었다. 어느 날, 설교자가 나를 향해 말했다. "거기 파란색 셔츠를 입은 젊은이, 일어나세요."

나는 입고 있던 파란색 셔츠를 내려다봤다. 그런 다음 주변을 두리번거리며 그분이 다른 사람을 가리키는 건 아닌지 확인했다. 나는 집게손가락으로 가슴을 꾹 누르며 중얼거렸다.

"저요?"

"맞습니다, 젊은이. 일어나세요."

그러고 나서 설교자는 40-50명쯤 되는 사람들 앞에서 이렇게 말했다. "하나님이 형제의 마음속에 설교의 열망을 주셨습니다. 형제의 마음을 흔드는 하나님의 목소리에 집중하세요. 형제는 복음을 선포하라는 부르심을 받았습니다."

내가 자리에 앉자, 설교자는 내 옆자리 학생에게로 넘어

갔다. 이후 6개월 동안 이런 상황이 다섯 번 반복되었다. 다른 교회에서 다른 설교자들이 사실상 똑같은 내용을 내게 말했다. 내가 설교 사역에 부르심을 받았다는 것이다.

이런 일련의 사건들에서 살펴볼 내용이 많지만, 가장 놀라운 점은 내가 예수님을 믿고 따른 지 얼마 되지 않았음에도 하나님은 내 안에 살아 있는 무언가를 확인해 주셨다는 것이다. 산상수훈의 다음 부분에서 예수님이 바로 그리하셨다. 예수님은 그분을 따르는 우리의 소명을 확인해 주신다.

> 너희는 세상의 소금이니 소금이 만일 그 맛을 잃으면 무엇으로 짜게 하리요 후에는 아무 쓸 데 없어 다만 밖에 버려져 사람에게 밟힐 뿐이니라 너희는 세상의 빛이라 산 위에 있는 동네가 숨겨지지 못할 것이요 사람이 등불을 켜서 말 아래에 두지 아니하고 등경 위에 두나니 이러므로 집 안 모든 사람에게 비치느니라 이같이 너희 빛이 사람 앞에 비치게 하여 그들로 너희 착한 행실을 보고 하늘에 계신 너희 아버지께 영광을 돌리게 하라.
> °마태복음 5장 13-16절

예수님은 자신의 제자들을 인정해 주시고, 그들의 잠재력을 알아보신다. 그분은 그들의 능력을 끌어내시고, 그들에게 주어진 엄청난 소명을 드러내신다. 그리고 그들을 소금과 빛이라 부르신다.

당신은 중요하다

예수님이 "너희는"이라는 단어를 쓰실 때는 공동체에 관한 말씀임을 유의해야 한다. 당연히 우리는 개개인의 삶의 방식에서 소금과 빛이 되라는 부르심을 받았지만, 기본적으로 예수님은 교회를 염두에 두신다.

교회로 함께 살아가는 우리에게는 집단 정체성이 있다. 이것이 중요한 이유는 성경의 처음부터 마지막까지 하나님은 그저 개인을 구원하는 데 관심이 있으신 게 아니기 때문이다. 오히려 그분은 새로운 공동체, 새로운 가족, 새로운 인류를 만들고 계신다. 복음은 우리 개인의 삶에만 좋은 소식이 아니라, 서로에게 속하는 새로운 방법을 만드시는 하나님의 능력이다.

그런데 놀라운 사실이 있다. 예수님의 제자들이 이제 막 꾸려졌다. 그들은 제자로서 첫걸음을 내디뎠을 뿐이지만, 예수님은 "내가 떠나면 너희는 소금과 빛이 **될 것이다**"라고 말씀하시지 않는다. "너희에게는 소금과 빛이 **있다**"라거나 "너희는 소금과 빛이 **되어야 한다**"라고도 하시지 않는다. 예수님은 그들에게 "너희는 소금과 빛**이다**"라고 말씀하신다.

예수님은 제자들이 뭔가를 보여 주기 전에 그들 안의 최선을 끌어내시며 당신에게도 똑같이 하신다. 당신에게는 내어 줄 것이 생각보다 더 많다. 당신은 창조주 하나님으로부터 은사와 목적을 받았고 그분의 형상대로 지음받았기 때문이다.

우리는 결함과 실패에 집착하기 쉽다. 그러나 예수님은 그분을 따르는 이들을 보시며 이렇게 말씀하신다. "너희에게는 생각보다 나눌 수 있는 것이 많다. 너희는 너희 생각보다 훨씬 더 나은 사람이기 때문이다." 예수님의 이런 긍정의 말씀은 '평범하고 신통치 않으며 눈에 잘 띄지 않는' 제자들을 향한 것이다. 그분의 제자들은 영화 〈배드 뉴스 베어즈〉(Bad News Bears)의 기독교 버전이라 할 만하다. 영화 속 베어즈 팀처럼 그들 역시 제대로 할 줄 아는 게 없다.

공민권 운동 당시 두 명의 흑인 가정부 이야기를 다룬 영화 〈헬프〉(The Help)에는 인상적인 장면이 나온다. 흑인 가정부이자 유모인 주인공 에이블린은 자신이 매일 돌보는 아이들에게 이렇게 말한다. "넌 친절해. 넌 똑똑해. 넌 중요한 사람이야."[1] 영화에서 엄마는 시종일관 아이를 방치하지만 그럼에도 불구하고 아이는 매일 자신의 삶을 형성해 가는 말을 듣는다. "넌 친절해. 넌 똑똑해. 넌 중요한 사람이야."

산상수훈을 시작하시며 예수님은 그분을 따르는 이들의

정체성에 대해 힘주어 말씀하신다. 강대한 로마제국의 그림자 아래 살고 있는 적은 무리의 제자들에게 예수님은 이 세상에서의 그들의 위대한 목적을 상기시켜 주신다.

예수님은 그들의 눈(과 우리의 눈)을 바라보며 말씀하신다. "너희는 소금이다. 빛이다. 너희는 중요하다."

예수님의 이 말씀은 무슨 뜻일까?

I
세상의 소금

예수님 시대에 소금은 매우 귀한 상품이었다. 인근 로마제국에서 소금은 상업적으로 중요한 역할을 담당했다. 기자 마크 쿨란스키(Mark Kurlansky)는 저서 《소금 세계사를 바꾸다》 (*Salt: A World History*)에서 이렇게 언급했다.

> 로마 군대는 병사들과 말과 가축을 위해 소금이 필요했다. 때때로 병사들은 소금으로 월급을 받기도 했는데, **봉급**(salary)이라는 단어와 "봉급만큼 일을 하다"(worth his salt), "간신히 살아가다"(earning his salt)라는 표현도 여기서 왔다. 실제로 라틴어 "살"(sal)이 프랑스어로 지불을 뜻하는 "솔드"(solde)가 되었는데 이것이 바로 영어 단어 "솔져"(soldier;

병사)의 어원이다.[2]

예수님은 이 중요한 비유를 들어 적어도 두 가지 함축적 의미를 끌어내신다. 첫째로 소금은 **맛을 낸다.** 음식의 풍미를 끌어올려 더 맛있게 한다. 오랜 세월 제대로 맛을 낸 음식을 먹어 온 푸에르토리코 사람으로서 말하는데, 딱 적당한 소금을 넣을 때 음식 맛을 최고로 끌어올릴 수 있다.

예수님이 그분을 따르는 이들을 소금이라고 칭하신 것은, 우리 존재 자체가 다른 사람들에게서 최고의 것을 끌어내야 한다는 의미다. 우리 삶 속에 있는 기쁨, 화평, 친절, 용기, 긍휼, 정의는 온 세상에 선한 영향력을 끼치기 위한 것이다. 안타깝게도 지난날 그리스도인들이 언제나 이런 역할을 한 건 아니었다. 우리는 다른 사람들에게 풍미를 더해 주기는커녕 (우리 스스로 세상과 거리를 두고) 간을 덜하거나, (세상을 지배하려 하면서) 간을 너무 세게 한다. 소금이 모자라거나 너무 많으면 음식을 망친다. 세상과 우리의 관계도 마찬가지다.

둘째로, 소금은 **보존한다**. 예수님도 이 점을 염두에 두셨던 것 같다. 냉장고나 냉동고가 발명되기 전에는 소금이 음식의 변질과 부패를 막는 주요 수단이었다. 이것은 예수님이 그분의 제자 된 우리에게 주시는 과제다. 우리는 세상을 보존하기 위해 일한다. 예수님은 부패가 일어나는 모든 곳에 보존하는 존재로 우리를 부르신다. 우리는 우리의 존재라는 소금으로 망가진 세상의 부패에 맞서 싸워야 한다. 그 부패가 인종차별이건, 빈곤이건, 험담이건, 역기능적 관계건, 혹은 다른 무엇이건 간에 예수님은 우리에게 선을 보존하라고 부르신다.

예수님은 제자들, 곧 우리 안에서 엄청난 잠재력을 보시고 세상에서 우리의 증인 역할을 설명하시기 위해 또 다른 비유를 사용하신다. 예수님은 우리를 "세상의 빛"이라 부르신다(마 5:14).

세상의 빛

이번에도 예수님은 제자들의 미래를 보고 그들이 어떤 사람이 될 수 있는지 말씀하지 않으신다. 처음부터 제자들이 이미 빛이라는 기쁜 소식을 선포하신다. 예수님은 그분이 이미 하신 대로 우리가 스스로를 그렇게 바라보기 원하신다.

몇 년 전, 설교 사역을 막 시작했을 때 브롱크스에 있는 한 작은 교회에서 설교 요청을 받았다. 설교를 마친 후에 사무실에서 교회 목사님을 만났다. 목사님은 내 설교에 감사를 표한 뒤 이렇게 말했다. "우리 교인들은 그리 똑똑한 사람들은 아닙니다." 나는 자기 공동체에 관해 그렇게 말하는 목사님을 보고 깜짝 놀랐다. 그 목사님은 예수님이 친히 말씀하신 "세상의 빛"이라는 호칭에도 불구하고, 자기 교인들을 어둡게 보았다. 예수님의 말씀과 그 목사님의 시각 사이의 이런 부조화가 내 마음을 불편하게 했다.

빛의 은유는 구약에서 두드러지는 주제인데 특히나 예언서에서 그렇다. 이사야는 이렇게 말한다. "내가 또 너를 이방의 빛으로 삼아 나의 구원을 베풀어서 땅끝까지 이르게 하리라"(사 49:6).

예수님은 보잘것없는 자기 공동체 무리의 눈을 응시하며 이렇게 말씀하신다. "너희들이 그 빛이다."

물론, 예수님이 **유일한** 빛이시다. 요한복음 8장 12절에서 예수님은 "나는 세상의 빛이니"라고 말씀하신다. 그런데 그분은 놀랍게도 똑같은 호칭을 자신의 제자들에게도 부여하신다. 달이 태양의 빛을 반사하듯, **유일한** 빛이신 예수님은 어두운 세상에 그분의 광채를 반사하도록 제자들을 초대하신다. 우리의 빛이 그분처럼 환하게 빛나지 않을 수도 있지만, 예수님은 아주 작은 불빛이라도 멀리까지 닿음을 아신다.

빛 또한 소금처럼 다양한 용도로 쓰인다. 그 주된 목적 가운데 하나는 어둠을 물리치는 것이다. 빛이 있어서 우리가 볼 수 있다. 빛을 통해 사물을 볼 수 있고, 어두웠더라면 감춰졌을 것이 드러난다. 빛은 사람들이 길을, 특히 하나님께로 가는 길을 찾게 해 준다. 이 얼마나 거룩한 사명인가!

그러나 빛은 누군가를 인도하는 대신 눈멀게 할 수도 있다. 우리 아이들이 어렸을 때 손전등을 발견하고는 벽에다가 손으로 동물 그림자를 만들었다. 얼마 안 있어 그 놀이가 시시해진 아이들은 서로의 눈에 손전등 불빛을 조준하기 시작했다. 빛은 얼마든지 해롭게 사용될 수 있다.

때때로 그리스도인들은 좋으신 아버지 하나님께 초점을 맞추기보다 남의 나쁜 행동, 즉 타인의 부도덕을 들추는 일에 더욱 빛을 비추기 쉽다. 많은 이들이 복음이 다른 사람들의 잘못을 집중 조명할 것을 요구한다고 믿는다. 이렇게 빛을 비추는 것이 종종 수치심을 주고 비난하는 방법이 되기도 한다. 하지만 예수님이 그분의 제자들을 **빛**이라고 부르시는 것은 그런 뜻이 아니다.

I
세상 한복판에서 그리스도인으로 산다는 것

(산상수훈에서) 이 시점까지는 모든 흐름이 순조롭다. 예수님은 아직 걸음마 수준의 제자들에게서 그들의 최선을 끌어내신다. 그들이 어떤 존재인지 분명히 밝혀 주시지만, 그러한 확언과 함께 소명을 소홀히 하게 만들 유혹에 대해 경고하신다.

예수님은 이렇게 말씀하신다. "너희는 세상의 소금이다. 소금이 짠맛을 잃으면, 무엇으로 그 짠맛을 되찾게 하겠느냐? 짠맛을 잃은 소금은 아무 데도 쓸 데가 없으므로, 바깥에 내버려서 사람들이 짓밟을 뿐이다"(마 5:13, 새번역). 다시 말하면, 당신의 특징을 잃으면 안 된다는 것이다.

모든 세대 그리스도인에게 가장 커다란 위험은 세상과 구별되지 않는 것이다. 우리의 가치관은 사회의 통념을 반영할 것인가, 아니면 그것이 틀렸음을 입증할 것인가? 우리는 모든 것에 동의하는 척할 것인가, 아니면 우리와 다르게 세상을 보는 사람들에게 사랑을 보여 줄 것인가? 순자산을 기준으로 성공을 정의할 것인가, 아니면 숫자가 뭐라 말하든 예수님에 대한 신실함을 기준으로 정의할 것인가?

예수님은 계속해서 제자들에게 경고하신다.

산 위에 세워진 도시는 숨겨질 수 없다. 등잔을 켜서 그릇으로 덮어 두지 않고 등잔대 위에 두어 그 빛을 집 안에 있는 모든 사람들에게 비추는 것이다. 이와 같이 너희도 너희 빛을 사람들에게 비추라. 그래서 그들이 너희 선한 행실을 보고 하늘에 계신 우리 아버지께 영광을 돌리게 하라.

°마태복음 5장 14-16절, 우리말성경

예수님은 일어날 법하지 않은 시나리오(등잔을 켜서 그릇으로 덮어 두는 경우)를 의도적으로 제시하시는데, 이는 빛을 가리거나 숨기려는 일상의 유혹을 강조한다. 이제 그리스도인들이 세상 속에서 바람직하지 못한 자세를 취하는 두 가지 경우를 살펴보자.

세상과 분리된 삶

예수님은 우리가 어두운 곳에 가까이 나아가기를 기대하신다. 그리스도인은 그곳에 우리의 빛을 비추도록 부르심을 받았다. 어둠에서 분리되고 단절된 채로 예수님의 빛을 소유할 수 있지만 그것이 무슨 유익이 있겠는가? 사실상 우리는 세상을 **위해서**가 아니라 세상과 **분리되어** 살고 있다.

우리의 거리 두기 이면에는 대개 두려움이 숨어 있다. 우리는 세상에 오염되고 싶지 않다. 개인의 거룩함을 강조하는 일부 교회 전통에서는 비슷한 가치를 공유하지 않는 사람들을 가까이하는 것을 위협으로 여긴다. 하지만 역설적이게도 이러한 전통 중 상당수는 다른 사람들을 그리스도의 신앙으로 이끌어야 한다는 부담을 안고 있다. 이런 답답한 이분법은 예수님이 우리에게 초대하라고 명령하신 바로 그 사람들을 소외시킨다. 비그리스도인들은 친구가 아니라 전도 대상일 뿐이다. 죄인들의 **친구**이신 예수님을 보라.

이 땅에서 사역하시는 내내 예수님은 종교 지도자들이 거리를 두는 사람들, 곧 질병이 있거나 평판이 나쁜 사람들, 사기꾼, 귀신 들린 자를 비롯해 온갖 죄인들에게 끊임없이 가까이 가셨다. 사랑으로 우리에게 다가오시는 것, 그것이 바로 성육신의 본질이다. 하나님은 우리 가운데 거하시고 우리에게 드리운 어둠을 떨쳐 내시려고 다가오신다. 어두운 세상의 빛이라는 우리의 소명 또한 이와 같은 일을 하는 것이다.

세상에 반대하는 삶

소금과 빛이라는 그리스도인의 지위를 훼손하는 또 다른 경우는 세상에 반대하며 사는 것이다. 세상과 분리되어 사는 삶이 오염에 대한 두려움에 뿌리를 둔다면, 세상에 반대하는 삶은 비난에 대한 두려움에 그 뿌리를 둔다. 나는 첫 책 《예수님께 뿌리내린 삶》(*Deeply Formed Life*)에서 우리에게 아무 도움이 되지 않는 이런 자세를 언급했다.

> 우리는 우리가 지지하는 문제보다는 반대하는 문제로 알려질 때가 많다. 이것이 사실임을 확인하는 간단한 방법이 있다. 정치, 성, 인종, 이민 등 세상에서 의견이 갈리는 문제를 떠올려 보면, 그리스도인들은 그들이 반대하는 내용을 확실히 주장하고 있음을 발견할 것이다. 하지만 하나님의 본성에

관한 모든 대화는 그분이 모든 사람을 위한다는 이해에서부터 시작되어야 한다.³

'우리가 생각하기에 하나님이 반대하시는 것들'을 비난하는 것은 쉽고, 영적으로 게으른 일이다. 필요한 일이기는 하지만, 잘못을 지적하는 것이 소금과 빛 됨의 전부는 아니다. 무언가에 반대하는 것은 브랜드를 구축하는 훌륭한 방법이자, 효과적인 정치 전략이다. 그러나 예수님을 증언하는 방법으로는 형편없다. 우리는 하나님의 샬롬을 이 세상에 가져오도록, 즉 다른 사람들을 섬기며 하나님께 우리 삶을 드리고 그분이 주시는 생명을 그들에게 공급하도록 부름받았다.

요한복음 17장 15절에 나오는 대제사장적 기도에서 예수님은 이렇게 말씀하신다. "내가 비옵는 것은 그들을 세상에서 데려가시기를 위함이 아니요 다만 악에 빠지지 않게 보전하시기를 위함이니이다." 예수님의 좁은 길에는 반대를 지향하는 삶을 위한 자리는 없다. 그런 상태에는 생명을 주는 것이 없다. 예수님은 우리에게 세상 속에 있으면서도 구별되기를 요구하신다.

세상에 살지만 세상에 속하지 않으려면, 세상 깊숙이 존재하면서도 세상과는 근본적으로 다른 믿음이 필요하다.

우리의 사명 되찾기

이 거룩한 소명에 합당하게 살지 못했던 교회의 모습을 짚어 보지 않고서는 소금과 빛에 관한 글을 쓰기 어렵다. 그리스도를 따르는 이들이 항상 빛을 투사했던 것은 아니다. 사랑과 긍휼, 화해, 평안으로 정의되는 선한 삶의 모습을 보여 주는 대신 우리는 그저 세상을 흉내 낼 뿐이다. 하나님 나라를 위해 찬란하게 빛을 비추기보다 그림자를 드리우는 데 안주하기 쉽다.

퀘이커교 작가이자 교육학자인 파커 파머(Parker Palmer)는 자신의 책 《삶이 내게 말을 걸어올 때》(*Let Your Life Speak*)에서 이를 잘 포착했다. "리더는 세상의 어떤 부분에, 그리고 그곳에 사는 사람들의 삶에 그늘을 드리우거나 빛을 비출 힘을 지닌 사람이다. 리더는 다른 이들이 살아가야 할 기풍을 형성한다. 그것은 천국처럼 빛이 가득한 기풍일 수도, 지옥처럼 어두운 기풍일 수도 있다."[4]

파머는 리더들이 지닌 막강한 힘 때문에 그들을 염두에 두었지만, 이와 같은 원리는 우리 일상생활에도 똑같이 적용된다. 우리는 그림자를 드리우거나 빛을 비춘다. 물론 우리 모두 불완전하기에 좋은 순간도, 나쁜 순간도 있다. 그러나 그리스도인으로서 우리 삶의 전반적인 흐름을 살펴볼 때, 우리는 과연 빛을 비추고 있는가, 아니면 그림자를 드리우고 있는가?

하나님의 영광을 위하여

예수님은 구체적이고 눈에 보이는 선한 행동을 우리에게 요구하신다. 하나님을 영광스럽게 하는 방법으로 다른 사람들 앞에 우리 빛을 비추라고 요구하신다. 그리스도를 따르는 사람들에게는 한 가지 주된 목적이 있는데, 바로 하나님의 성품을 드러내는 것이다. 창조주의 성품을 드러내 보인다는 것이 버겁고 불가능하게 느껴질 수도 있지만 예수님은 그것이 우리를 통해 이루어질 수 있다고 믿으신다.

당신이 피한 사람들, 당신이 반대한 집단들, 당신이 외면했던 이들을 곰곰이 생각해 보라. 물론, 경계선을 그어야 할 때가 있고, 악에 맞서야 할 때도 있다. 그런데 당신의 기본자세는 무엇이든 **반대하는** 것인가? 아침에 눈을 뜨면 당신은 그림자를 드리울지 아니면 촛불을 켤지를 결정한다. 예수님은 산상수훈 맨 첫 부분에서부터 하나님의 성품을 반영하라고 우리에게 요구하신다. 왜일까? 세상이 하나님을 간절히 바라기 때문이다.

인류는 하나님의 빛 가운데 살도록 창조되었다. 죄가 세상을 어둡게 만드는 동안에도 인간에게 참된 빛을 알려 주는 빛의 흔적이 존재한다. 우리는 스스로를 위해서가 아니라 하나님을 영화롭게 하려고 우리의 빛을 비춘다. 그리할 때, 우리는 좁지만 충만한 하나님 나라의 길을 걸어가는 자신을 발견하게 될 것이다.

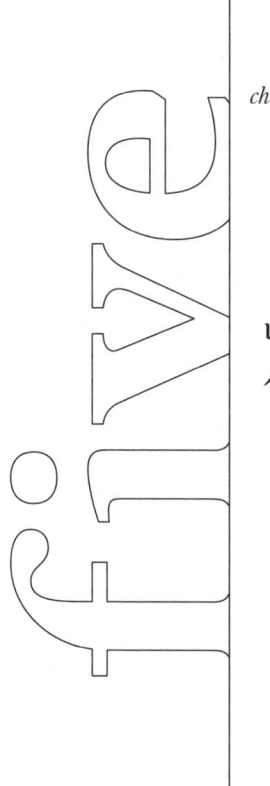

chapter 5.

내 분노의 뿌리를
성령께 내드리다

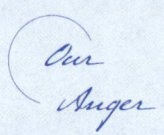

　내가 어린 시절을 보낸 1990년대에 브루클린에서 살아남으려면 분노가 필수였다. 나는 누군가 나를 이용하려 들지 모르니 주변 사람들에게 만만하게 보여서는 안 된다는 생각에 사로잡혔다. 그야말로 부담스러운 삶의 방식이었다. 결국 그 부담은 일종의 정체성 같은 것이 되었다. 많은 브루클린 젊은이가 분노를 품는 데 자부심을 느꼈다. 분노를 드러내는 것이 멋있었다. 찡그린 얼굴을 하고 브루클린 특유의 걸음걸이(세련된 어슬렁거림 정도로 생각하면 된다)로 거리를 걷는 모습은 갑자기 몸싸움이 벌어지더라도 스스로 대처할 수 있다는 증거였다. 그런데 한번은 이런 걸음걸이와 찌푸린 표정 때문에 난처한 상황에 빠진 적이 있었다.

　1990년대 중반 어느 추운 12월, 나는 특유의 걸음걸이로 거리를 걷고 있었다. 쓰고 있던 털모자가 눈을 다 덮을 만큼 내려와 있었다(스타일이 중요했던 그 시절엔, 적어도 우리 동네에서는 푹 눌러쓴 털모자가 터프함의 또 다른 상징이었다). 친구를 봤다고 생각한 나는 길 건너를 쳐다봤다(그 당시에는 안경이 필요하다는 생각조차 하지 못했다). 어슬렁거리며 눈을 가늘게 뜨고 5초간 그쪽을 바라보던 나는 그 사람이 친구가 아님을 알게 되었다. 그 5초는 마치 영원과도 같았다.

내가 쳐다보았던 그 남자는 내 시선을 위협으로 받아들이고 나를 향해 달려들었다. 그는 내 길을 막아서더니 스파링을 좋아하느냐고 물었다(그가 정확히 이렇게 말한 것은 아니다). 내가 그쪽을 바라본 데 악의는 없었다고 안심시키자 그는 자기 집으로 돌아갔고, 실랑이를 피한 나는 안도하며 다시 발걸음을 옮겼다. 그 순간, 우리 동네에 만연한 분노를 분명하게 느낄 수 있었다.

그 일이 있고 나서 몇 년 뒤에 그리스도인이 되었을 때, 나는 분노를 또 다른 관점에서 이해하게 되었다. 사람들은 그리스도를 따르는 이들에게 분노는 어울리지 않으므로 (이를테면 부인 같은) 다른 기독교 관행으로 대체해야 한다고 말했다. 이제 내게 분노는 생존 수단이 아니라, 억눌러야 하는 대상이 되었다. 분노는 내가 "죄 있는 육신" 안에 있다는 표시였다(롬 8:3). 화를 내는 사람들은 하나님과 좋은 관계를 맺을 수 없다고 했다. 나는 분노를 누그러뜨리고 그걸 "실망이나 좌절감"이라고 부르라고 배웠다.

오랫동안 아내 로지(Rosie)가 "당신 화났어요?"라고 물으면 나는 "아뇨, 그냥 실망했을 뿐이에요"라고 대답하곤 했다. 내가 부끄러워 솔직히 말하지 못하는 내 감정의 진실을 알고 있는 아내는 기가 막히다는 듯 눈을 치켜뜨곤 했다. 나는 분노를 부인하고 그것을 훈련이라 불렀다. 나는 품위를 지킨다는 명목으로, 예수님의 이름으로 분노를 무시했다. 나는 분노의 여지를 남기지 않고 다른 사람들에게 내 진짜 감정에 대해 거짓말했다.

대다수의 가족, 사회, 교회 공동체가 분노를 전혀 허용하지 않기에 분노는 복잡하다. 당신의 가족은 어떻게 분노하는가? 당신이 속한 교회는 분노를 어떻게 표현하는가? 당신의 민족 문화는 어느 정도까지 분노를 허용하는가? 우리 대부분은 분노를 억누르며 살아간다. 그런 일이 벌어질 때 우리는 비인간적인 삶을 강요받게 되어 자기를 기만하고 감정을 숨기게 된다. 나에게도 그런 경험이 있다.

우리에게 분노가 있느냐 없느냐가 문제가 아니다. 분노가 우리 삶에 어느 정도까지 영향을 미쳤느냐가 문제다.

오랫동안 나는 분노를 **선물**로 여기지 못했다. 이상하게 들리겠지만 사실이다. 분노는 삶의 부조리와 불의에 적절하게 대응하는 방식으로서 주어진 하나의 선물이다. 분노는 삶이 우리를 놀라게 하고 상처를 줄 때 우리 영혼의 밸브를 열어 주는 방법이다. 가장 건전한 의미에서 분노는 바로잡아야 할 것을 구별해 낸다. 일반적으로 분노는 깊은 불안의 부차적인 감정(징후)이다. 이 모든 경우에 분노가 언제나 적은 아니다. 예수님의 삶에서도 분노가 몇 차례 등장한다. 놀랍게도 처음으로 분노를 드러내신 곳은 성전이다.

어느 날 예수님이 성전에 모습을 보이신다. 예배와 교제의 장소인 성전에서 종교 지도자들이 가난한 이들을 착취하는 모습에 예수님은 분노하신다. 이 상황을 용납할 수 없기에 예수님은 채찍을 휘두르고 상을 엎으며 지도자들을 내쫓으신다.

다음은 **분노**라는 단어가 예수님과 직접적으로 연관된 유일한 사례다.

> 예수께서 다시 회당에 들어가시니 한쪽 손 마른 사람이 거기 있는지라 사람들이 예수를 고발하려 하여 안식일에 그 사람을 고치시는가 주시하고 있거늘 예수께서 손 마른 사람에게 이르시되 한가운데에 일어서라 하시고 그들에게 이르시되 안식일에 선을 행하는 것과 악을 행하는 것, 생명을 구하는 것과 죽이는 것, 어느 것이 옳으냐 하시니 그들이 잠잠하거늘 그들의 마음이 완악함을 탄식하사 **노하심으로 그들을 둘러보시고** 그 사람에게 이르시되 네 손을 내밀라 하시니 내밀매 그 손이 회복되었더라.
>
> °마가복음 3장 1-5절

성전과 회당 모두에서 예수님은 가난하고 소외된 자들이 당하는 학대 때문에 분노를 드러내신다. 흥미롭게도, 다른 사람들이 **예수님**을 부당하게 대할 때 그분은 결코 이런 식으로 대응하지 않으신다. 언제나 다른 사람들을 지키기 위해서만 분노하신다.

정의를 위해 일하려는 열망에 힘입어 때로 분노는 구원의 은사가 되기도 한다. 신학자 바버라 홈스(Barbara Holmes)의 말을 빌리면, "분노의 신학은 우리에게 끝없는 억압의 최면 같은 영향에서 깨어나 개인과 공동체가 부인과 체념, 허무주의의 족쇄를 떨쳐 내라고 요청한다."[1]

그러나 예수님이 분명히 지적하셨듯이, 분노는 구원하기보다 파괴하는 경우가 너무도 흔하다.

> 옛사람에게 말한바 살인하지 말라 누구든지 살인하면 심판을 받게 되리라 하였다는 것을 너희가 들었으나 나는 너희에게 이르노니 형제에게 노하는 자마다 심판을 받게 되고 형제를 대하여 라가라 하는 자는 공회에 잡혀가게 되고 미련한 놈이라 하는 자는 지옥 불에 들어가게 되리라.
>
> °마태복음 5장 21-22절

앞 장에서 언급했지만, 예수님은 분노에 관해 말씀하시

기에 앞서 바리새인들의 얄팍한 의로움과 어떻게 하면 **그분의** 제자들이 그들보다 더 깊은 의로움을 가질 수 있는지 강조하신다. 바리새인 가운데 선의를 가진 자도 있었지만, 경계 설정과 영적 교만은 이 무리의 집단정신 중 하나였다. 그들은 겉으로 보이는 행동에 따라 누가 하나님과 친밀하고, 누가 하나님과 사이가 좋지 않은지 판단하는 여러 방법을 마련했다. 예수님은 사실상 이렇게 말씀하고 계신다. "나의 나라에서는 외면을 보지 않고 마음을 살핀다."

"**마음**이 청결한 자는 복이 있나니 그들이 하나님을 볼 것임이요"라는 팔복을 기억하라. 좁은 길에서 참된 신실함은 내면의 변화에서 비롯되는데, 분노와 연관될 때 특히 그러하다.

선한 종교인이 저지를 수 있는 가장 큰 죄는 분노라고 주장할 수도 있다. 한평생 아버지에게 순종하지만 동생이 은혜를 받자 분개하는 탕자의 비유 속 큰아들을 떠올려 보라. 율법주의자에게 은혜는 관대함이 아니라 스캔들이다.

당시 종교 지도자들은 자신들이 실제로 사람을 죽이지 않았으니 영적으로 건강하다고 생각했다. 하지만 그렇지 않다! 예수님은 기준을 높이셨다. 그분의 말씀에 따르면, 형제나 자매에게 화를 낸다면 심판을 받게 될 것이다.

예수님이 지적하신 분노는 매우 구체적인데 헬라어로 "오르기조메노스"다. 성서학자 데일 브루너(Dale Bruner)는 이 단어가 현재 시제이며, "분노를 품고 있다", "분노를 담아 두고 있다", 또는 "원한을 품고 있다"로 번역하는 것이 가장 좋다고 설명한다.[2] 예수님은 순간적인 분노를 비난하시는 게 아니다. 그분은 "누구든지 분노하면"라고 말씀하시지 않는다. 다만 분노를 품고 그 안에 머무는 것에 대해 경고하신다. 미국의 철학자 달라스 윌라드(Dallas Willard)는 끝없는 비통함에 갇힌 삶에 관한 매우 유용한 설명을 들려준다. "모든 에너지가 분노의 힘을 유지하는 데 들어간다. 자신이 얼마나 부당한 대우를 받았는지 끝없이 되새긴다."[3]

분노가 우리 삶의 기본값이 되면 머잖아 그것이 우리를 짓누르게 된다. 세상 모든 사람이 같은 날 장을 보러 온 듯한 슈퍼마켓에 가 본 적이 있는가? 당신은 쇼핑 카트를 찾을 수 없어서 손으로 드는 장바구니에 만족하기로 한다. 장바구니는 조금씩 채워진다. 통로 사이를 왔다 갔다 하다 보니 (거의 감당할 수 없는 지경이 된) 물건들 무게로 한쪽 팔이 늘어진다. 이내 장바구니는 들 수 없을 만큼 무거워진다.

분노와 원망, 즉 오르기조메노스에 있어서 우리 중 많은 이들이 그 장바구니와 같다. 좌절하고 분노를 쌓아 올리며 서서히 거기에 짓눌린다. 그런 의미에서 브루너의 말은 적절하다. "화를 **낼** 줄 모르는 자는 어리석다. 그러나 분노에 **머무르지** 않는 자는 지혜롭다."[4]

우리가 건강하지 않은 분노를 품고 있는지 어떻게 알 수 있을까? 예수님은 두 가지 예를 보여 주시는데 그중 첫 번째가 "라가"라는 말이다.

요즘에는 "라가"라는 말을 쓰지 않지만, 이와 비슷한 수많은 말이 우리 입술에서 흘러나온다. "라가"는 "바보", "멍청이" 혹은 "얼간이" 등으로 번역할 수 있다(내가 고속도로에서 운전하면서 종종 듣는 말이다). 어떤 단어가 문제를 일으키거나(심지어 위험해지는 것은) 그 말에 에너지를 불어넣는 경멸의 정신 때문이다. "라가"는 인간성을 말살하는 말이자 비난하는 말이다. 화요일 출근길에 무심코 중얼거리더라도 커다란 해를 끼칠 수 있는 말이다. 이 말의 심각성을 설명하자면, 흑인 남성이나 여성에게 엔 워드(N-word; 영어에서 흑인을 비하하는 단어를 불가피하게 언급할 때 사용하는 말-옮긴이)를 쓰는 것과 같은데, 나는 20대 중반에 처음으로 그런 말을 들었다.

이야기의 자초지종은 이렇다. 나는 동네 교회 청년 몇 명과 함께 여행 중이었다. 우리는 며칠 동안 어느 부유한 기독교계 고등학교에서 예배를 인도하고 설교할 예정이었다. 그 주간에 나는 10대 아들 둘을 둔 친절한 가정집에서 머물렀다. 어느 날 아침, 그중 한 아들이 나를 차에 태우고 학교로 갔다. 아들 친구가 조수석에, 나는 뒷좌석에 앉았다. 가다가 빨간불에 멈춰 섰는데, 마침 노숙자로 보이는 흑인 남자가 길을 걷고 있었다. 그때 조수석에 있던 아이가 차창을 내리더니 비인간적인 목소리로 고함을 질렀다. "이 동네에서 꺼져, 엔 워드!" 실제로 그 친구가 "엔 워드"라고 말하지는 않았지만, 사람이 입에 담을 수 있는 가장 비열한 말 중 하나로 여겨지는 단어를 사용했다.

뒷좌석에 있던 나는 소스라치게 놀랐지만, 부끄럽게도 그 자리에서 그 10대 아이에게 아무 말도 하지 못했다. 허를 찔렸던 탓이다. 그런 말을 들어 본 적도 없고, 어떻게 그런 악의적인 의도로 그 말을 할 수 있는지도 몰랐다. 그것이 바로 "라가"다. 아마 아직 모를 테지만, 우리는 "라가"의 세상에 살고 있다.

우리 사회는 분노를 키우고 그에 대해 보상한다. 우리는 다른 사람들을 사회의 근본 문제로 여기며 그들에 대한 분노를 정당화하도록 형성된다.

민주당 지지자? 라가.

공화당 지지자? 라가.

이민자? 라가.

동성애자? 라가.

낙태 반대주의자? 라가.

무신론자? 라가.

침례교 신자? 라가.

이 명단은 쉬지 않고 이어진다. 예수님의 요점은 이렇다.

라가로 이어지는 분노를 품고 키우는 것은 하나님 보시기에 살인과 같다. 꼭 피를 흘려야만 생명을 죽이는 건 아니다. 비열하고 비인간적인 말을 하면 우리는 심판을 받고 지옥 권세로 들어가게 된다. 당신이 누군가를 그 정도로 미워해 본 경험이 있다면, 그 순간에는 그것이 정당하다고 느낄 수 있지만 실제로는 일종의 지옥에 살고 있는 셈이다.

분노는 우리를 집어삼키고 파괴하건만, 우리 삶에 가해진 피해를 우리는 여전히 보지 못한다. 예수님이 약간 과장하고 있다고 생각하지 않을 수가 없다. 사실 우리는 분노를 성령의 열매로 생각하도록 스스로를 기만하기 쉽다. "의로운 분노", "진리 옹호하기", "있는 그대로 말하기"처럼 겉만 번지르르한 말로 독이 되는 분노를 눈가림하지 않도록 조심하라. 예수님이 분노가 파괴적이라고 말씀하신다면 우리 삶에서 이를 제거하는 데 모든 노력을 기울여야 한다.

우리가 분노하는 이유

마태복음 5장에 나오는 예수님 말씀을 읽을 때면 이런 궁금증이 생긴다. '사람은 어떻게 유해한 분노로 가득 차게 되는 것일까? 그것은 단순히 성격적인 결함일까? 아니면 나쁜 습관일까? 아니면 생물학이나 신경학의 문제인 것일까?' 가정 폭력에서 볼 수 있는 분노, 보복 운전, 자녀에게 불같이 화내는 것, 자기혐오, 끓어오르는 경멸은 느닷없이 나타나지 않는다. 나는 그 원인이 우리 사회와 내면 두 가지에 있다고 본다. 이 둘을 간단히 살펴보도록 하자.

사회적 분노

많은 사람이 목격한 소셜 미디어에 관한 진실을 잘 보여주는 한 연구가 2021년에 진행되었다. 도덕적 분노를 불러일으키는 트윗이나 게시물이 더 많은 '좋아요'나 '리트윗'을 받는다는 것이었다.[5] 분노를 통해 도파민 분비라는 쾌감과 새로운 팔로워를 얻게 하는 이러한 현상은 악순환을 만들어 낸다. 결과적으로 분노는 브랜드나 사회적 정체성을 수립하는 하나의 방법이 된다. 심지어 어떤 경우에는 수익으로 이어지기도 한다.

세상 문제를 우리 자신의 외부에서 찾으려 하면 개인이나 집단 전체가 분노의 대상이 된다. 우리는 어떤 비판도 회피한 채 남을 손가락질한다. 독선만큼 분노를 불러일으키는 것도 없다. 여기 어렵지만 중요한 질문이 있다. 당신은 자신의 부족함은 외면한 채 남 탓만 하고 있지는 않은가? 아니면 혹시 자신이 늘 옳다는 착각 속에 살고 있지는 않은가?

내면의 분노

사회적 분노보다 한 단계 더 깊이 내려가서, 내면의 분노를 살펴보자. 분노를 마주하기보다는 전달하는 것이 (적어도 잠깐은) 감정적으로 만족스럽다. 화를 낸다는 건 스스로 통제할 수 있다고 느끼는 것이다. 이는 자기 연약함과 거리를 두는 편리한 방법이자 힘에 대한 착각을 불러일으키는 방법이다. 분노가 내면으로부터 끓어오르는 것은 대개 충족되지 못한 기대나 불안, 대장 노릇을 하고 싶은 욕구 때문이다.

우리가 의식하든 의식하지 못하든, 우리 내면에는 그 순간에 우리 자신에게 들려주는 이야기가 언제나 있다. 나는 "침착하게 살기"라는 주제의 인터뷰에 응했던 경험을 잊지 못한다. 인터뷰 한 시간 전, 목소리에 심하게 무리가 왔다. 운동 경기에서 응원하느라 그런 게 아니었다. 입학한 지 일주일이 안 된 여덟 살짜리 아들을 등교시키는 와중에 차 안에서 고함을 지른 탓이었다.

그날 아침 학교에 거의 다 왔는데 아이가 걷잡을 수 없을 정도로 울기 시작했다. 아들아이가 나중에 말하기를, 벌에 쏘일까 봐 두려워서(예전에 그런 적이 있었다) 학교 쉬는 시간에 바깥에서 놀기가 무서웠다는 것이다. 아들에게는 자신을 제어하고 가슴 깊이 자리 잡은 두려움을 털어놓을 능력이 없었다. 아들이 등교를 거부하는 바람에 나는 팟캐스트 인터뷰에 지각할 판이었다. 인터뷰 담당자에게 처리할 일이 있었다고 말하는 대신 나는 '차선'을 택했다. 아이를 학교에 보내기 위해 있는 힘껏 소리를 지르며 야단쳤다. 결국 일시적인 광기에 사로잡힌 그 순간, 세상 그 어떤 벌보다도 더 따끔하게 아들을 쏘았고, 나는 자책감에 빠졌다.

내 머릿속 이야기는 책임감과 시간 엄수에 대한 것이었지만, 사실 그보다는 괴로워하는 아들을 따뜻하게 품어 주지 못했던 내 무력감에 대한 것이었다.

그날 이후로 내게 긍휼과 호기심 어린 자아 성찰이 필요하다는 걸 깨달았다. 특히나 아들이 필요로 하는 아버지가 되기 위해서는 말이다. 내면의 분노를 적절히 다스리려면 의지력만으로는 부족하다.

분노를 방치하지 말 것

예수님은 산상수훈에서 분노를 올바르게 다루는 단계별 실천 목록을 제시하시지 않는다(물론 그런 목록이 잘못된 것은 아니다. 잠시 뒤에 우리는 분노를 다스리는 데 도움이 되는 영적 실천법을 살펴볼 것이다). 그 대신 분노를 다스리는 법은 물론, 하나님과 바른 관계를 맺는 법을 보여 주는 놀라운 장면 하나를 던지신다.

예수님은 다른 사람과의 관계가 망가지면 하나님과의 관계도 생각만큼 좋지 않다고 말씀하신다. 이웃에게 "오르기조메노스"를 품으면 하나님과 진정으로 교제할 방법이 없다. 더 나아가 예수님은 그분을 따르는 이들에게 이웃과의 소원함을 즉각 해결하기 전에는 예배도 미루라고 충고하신다.

예수님은 자기 죄를 속죄할 속죄물(고대의 일반적인 관습)을 바치려는 예배자를 예로 드신다. 이런 제사 의식을 치르기 위해 예배자가 예루살렘까지 먼 길을 여행하는 것은 당시 흔한 일이었다. 여기서 예수님은 우리에게 놀라움을 안기신다. 제물을 바치려는 사람에게 다른 사람과 해결하지 못한 문제가 떠올랐다면 즉시 하던 일을 멈추어야 한다. 집으로 되돌아가서 자신과 불화한 사람을 찾아가 화해를 시도해야 하며 **그리고 나서** 다시 돌아와 제사를 마쳐야 한다. 예수님 말씀의 요지는 이것이다. 마음속에 은밀하게 죽음을 품고 있으면 우리는 생명의 주님과 관계를 맺을 수 없다.

덧붙여 예수님의 가르침은 상황의 긴급함을 말씀하신다. 작은 화가 격렬한 분노로 자라나는 데는 긴 시간이 걸리지 않는다. 예수님은 우리와 우리 이웃을 파괴하려는 힘에 대항하여 마음을 지키라고 가르치신다. 돌보지 않고 방치된 분노는 우리 자신과 다른 사람들에 대한 메시지를 내면화하여 우리 마음속에서 말과 행동으로 사람들을 파괴하는 걸 허용한다.

예수님은 우리에게 분노의 수면 **아래로** 내려가 하나님이 능력을 베푸실 공간을 마련하라고 재촉하신다. 어떻게 그리할 수 있는가? 나는 **애통**이라 부르는 영적 실천법을 추천한다.

애통하는 시간

보통 화를 낼 만한 정당한 이유가 있다. 하지만 하나님 나라에서는 그런 분노가 우리를 파괴하고 집어삼키게 내버려둘 당연한 이유란 없다. 나는 (고통과 슬픔과 괴로움을 하나님께 말로 표현하는) 애통이라는 실천법이 분노를 가라앉히는 데 도움이 되는 것을 깨달았다.

분노는 우리 마음 문을 닫고, 애통은 그 문을 열어 준다. 애통은 불쾌함을 무시하는 대신 마음속에 자리를 만들어서 성령이 우리 마음을 돌이키고 분노의 근원에 이를 수 있게 한다. 분노의 뿌리가 대부분 슬픔이라는 사실에 당신은 놀랄지도 모르겠다. 그래서 정기 예배와 믿을 만한 친구들과의 대화에 반드시 애통하는 시간이 포함되어야 한다. 애통과 짝을 이룬 분노는 우리의 마음 문을 열어 하나님의 생명과 사랑, 능력에 이르게 하는 촉매제가 될 수 있다. 자신의 분노를 정직하게(그리고 하나님의 임재 가운데) 대면하지 않는다면 우리는 예수님이 가장 중요하게 여기시는 법, 곧 사랑의 법을 위반하는 것이다.

여기서 바울이 에베소 교회에 한 명령이 도움이 된다. "분을 내어도 죄를 짓지 말며 해가 지도록 분을 품지 말고 마귀에게 틈을 주지 말라"(엡 4:26-27). 다시 말해, 분노를 느끼는 것은 허용하되 자신을 더 큰 악한 세력의 노예로 만들 수 있는 분노의 힘은 조심해야 한다. 야고보서의 유명한 말씀처럼 "사람마다 듣기는 속히 하고 말하기는 더디 하며 성내기도 더디 하라"(약 1:19).

노하기를 더디 하시는 분

복음의 좋은 소식은 다음과 같다. 하나님은 "노하기를 더디 하시며 인자하심이 크시도다"(시 145:8). 구약에서 이 구절은 여러 차례 반복되면서 하나님의 주된 속성을 가리킨다. 흔히 하나님을 변덕스럽고 복수심에 불타는 분으로 보기도 하지만, 인내는 그분의 가장 놀라운 성품 가운데 하나다.

하나님 백성의 반복되는 실수와 반항, 고집을 한번 보라. 그들은 번번이 충성 대상을 바꾸고, 소명을 포기하고, 다른 신들을 쫓아다닌다. 그럼에도 불구하고 하나님의 분노는 느린 화면으로 움직이며 그 백성이 방향을 바꿀 수 있도록 여러 번

기회를 주신다. 당신의 삶을 생각해 보라. 그들 모습에서 당신 이야기가 보이는가? 탕자의 비유에 나오는 아버지의 분노처럼 하나님의 분노는 느린 화면으로 펼쳐지지만, 그분의 변함없는 사랑은 우리를 향해 엄청나게 빠른 속도로 움직인다. 이 얼마나 큰 위로인가!

예수 그리스도 안에 드러난 하나님은 우리를 향한 분노를 쌓아 두지 않으신다. 나지막한 목소리로 "라가"라고 중얼거리지도 않으신다. 오히려 그리스도는 세상의 "라가"를 온전히 받으시고, 용서와 자비를 부어 주시는 분이다.

그러므로 세상에서 예수님을 따르는 사람으로 모습을 드러내는 것은 모든 형태의 분노를 제거하는 것이 아니라, 분노가 당신을 집어삼키지 못할 방법으로 사는 것이다. 당신은 인간이므로 화가 **날 것이다**. 그러나 당신을 사로잡는 그리스도의 사랑과 당신을 변화시키는 성령과 함께하면 분노가 당신을 소유할 수 없다. 사방이 은혜로 둘러싸인 좁은 길 위에서 당신은 분노에서 해방되어 끊임없는 만족을 알게 될 것이다.

chapter 6.

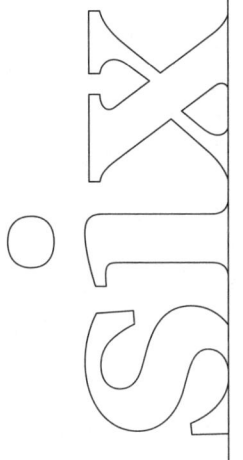

**거짓의 유혹 넘어
진실한 삶과 말을
지켜 내다**

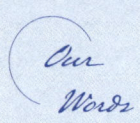
Our Words

"아직 퇴근 안 했어요?" 아내가 보낸 문자를 보고는 몇 시쯤 집에 가겠다고 말했던 게 생각나 얼른 답장을 보낸다. "아, 그래, 여보. 20분 전에 퇴근했어요." 그러면서 정신없이 노트북과 책을 가방에 집어넣고 사무실을 뛰쳐나간다.

우리에겐 매일 (크고 작게) 진실과 타협하고 싶은 마음이 생긴다. 누군가 어떤 행사에 나를 초대했는데 별로 가고 싶은 마음이 들지 않으면, 거짓말하는 능력이 불쑥 고개를 내민다. 솔직하게 "죄송하지만 못 갈 것 같아요"라고 말하는 대신, 불참을 해명하려고 없는 일을 꾸며 낸 적도 있다.

자기가 보낸 문자를 받았냐는 친구의 물음에 때때로 솔직하지 못하게 반응한다. 문자를 받았고 그가 한 질문에 대해 생각을 좀 해 봐야 할 것 같다고 인정하기보다 그냥 이렇게 말해 버리기 쉽다. "아니, 못 받았는데. 다시 보내 줄 수 있어?"

거짓말에 빠져 있는 세상에서 진실을 말하는 것은 혁명적인 행동이다. 우리는 매일같이 이런 질문과 마주한다. '진실을 말해야 할까, 거짓말을 해야 할까?' 이런 기본 질문은 다양하게 응용할 수 있다. 운동장에서든, 회의실에서든, 소셜 미디어에서든 우리는 기본적으로 진실하지 않다. 아침에 눈을 뜨면서부터 남을 속이려고 작정하는 것은 아니지만, 부정직함에 쉽게 빠져든다.

거짓말의 문제는 태초부터 이 세상에 가득했다. 정보와 뉴스가 끊임없이 흐르는 현대의 삶에서 우리는 삶의 모든 영역에서 거짓말에 노출돼 있다. 교회도 예외가 아니다. 목사와 종교 지도자들, 교단이 하는 거짓말들이 머리기사를 장식한다. 정부 고위 지도자들은 절반의 진실을 온전한 진실인 양 포장하여 정치 선전을 계속한다. 영향력 있는 기관의 최고경영자와 지도자들은 자신들의 브랜드를 지키기 위해 권력을 이용하여 부정을 은폐한다.

그렇지만 대부분의 거짓말은 큰 무대에 오르지 않는다. 직장과 가정, 우리 마음속에서 하는 '사소한' 거짓말들이 그렇다. 우리는 어떤 문제에 대한 진심을 숨기고 거짓을 말한다. 자신의 약점을 감추려고, 직장 생활에서 어떤 이득을 얻으려고, 기타 등등의 이유로 거짓말한다.

거짓을 믿을(혹은 말할) 때 당신은 자유롭지 않다. 하나님은 참됨과 정직함, 진실함이 주는 유익 속에서 자유를 누리도록 당신을 창조하셨다. 우리가 진실하게 살아가는 만큼 예수님의 방법대로 살아갈 수 있다. 산상수훈의 이 부분에서 살펴볼 수 있듯, 좁은 길은 솔직하고 정직한 말이 기본이 되는 곳이다.

> 또 옛사람에게 말한 바 헛맹세를 하지 말고 네 맹세한 것을 주께 지키라 하였다는 것을 너희가 들었으나 나는 너희에게 이르노니 도무지 맹세하지 말지니 하늘로도 하지 말라 이는 하나님의 보좌임이요. 땅으로도 하지 말라 이는 하나님의 발등상임이요 예루살렘으로도 하지 말라 이는 큰 임금의 성임이요 네 머리로도 하지 말라 이는 네가 한 터럭도 희고 검게 할 수 없음이라 오직 너희 말은 옳다 옳다, 아니라 아니라 하라 이에서 지나는 것은 악으로부터 나느니라.
>
> °마태복음 5장 33-37절

맹세, 약속, 진실함

예수님은 고대의 일반적인 관습을 언급하고 계신다. 맹세는 본질적으로 약속에 힘을 실어 주는 방법이었다. 오늘날처럼 서면 계약이 문화 규범이 아니었던 구두 사회에서는 사람의 말에 법적 구속력이 있었다. 여기까지는 괜찮다. 예수님은 구약성경이 맹세에 부여한 가치를 거부하신 것이 아니라, 그

관습이 행해지던 기만적인 방식들을 폭로하신 것이다. 예수님 시대 사람들은 올바른 듯 보이면서도 진실을 조작할 방법을 알아냈다.

그 방법은 이런 식이었다. "하나님의 이름을 들먹이며 약속했다면 그 약속에서 벗어날 방법은 없다. 그런데 하나님 이름만큼의 무게감은 없지만 약속을 강화할 만큼 심오한 종교적 언어를 집어넣는다면 어떨까?" 이것이 예수님이 비판하시는 허점이다. 하나님의 이름으로 맹세하는 대신 그들은 성스러운 도시나 신성한 회당의 이름으로 맹세했다. 그러는 과정 어딘가에서 그들의 "예"가 "아니오"로 바뀌었다. 그들의 서약은 무효가 되었고 약속은 그 효력이 사라졌다.

초등학교에 다닐 때 나는 친구나 친척과 갈등을 겪는 일이 일상이었다. 실수로 사촌의 장난감을 망가뜨려 놓고 잘못을 인정하고 싶지 않으면 내 무고함을 증명하려고 호들갑을 떨며 말했다. 대화는 이렇게 흘러갔다.

"네가 내 장난감 부쉈지?"

"아냐, 내가 그런 거 아냐."

"하지만 여기엔 너밖에 없었어."

"맹세코 난 안 했어. 우리 엄마 무덤에 걸고 맹세한다."

"아, 알겠어. 네 말 믿을게."

이토록 단순하다. 그 나이 때는 "엄마 무덤에 걸고" 같은 문구를 보태면 자신의 정직함이 입증된다고 믿었다. 물론 나는 하나님의 심판을 피하려고 뒤에서 몰래 손가락을 꼬곤 했다(이는 서양에서 행운을 빌 때나 거짓말이 들키지 않기를 바랄 때 하는 행동이다. 아무리 조심해도 지나치지 않는 법이다).

많은 아이들이 우리가 하는 말이 곧 합의라고 암묵적으로 아는 것 같다. 어느 날인가 다섯 살짜리 딸아이가 저녁 식사 후에 아이스크림을 사러 가자고 했던 일이 생각난다. 일정표를 확인하지 않은 채 무심코 나는 이렇게 말했다. "물론이지." 그리고 나서 날짜를 바꿀 수 없는 저녁 회의가 있음을 깨달았다. 디저트 시간이 되었다. 딸아이는 아이스크림을 원했고 나는 회의가 있다는 걸 잊었다며 다음 날 아이스크림을 사러 가자고 아무렇지 않게 말했다. 딸아이의 반응이 어땠을까? 두 눈에 눈물이 가득 고인 채 딸아이는 온 세상 아이들이 영혼 깊은 곳에 담아 둔 세 마디를 중얼거렸다. "하지만 아빠가 약속했잖아요!"

나는 재빨리 대답했다. "아빠는 절대 그런 약속을 한 적이 없어." 그리고 이후 대화가 어떻게 이어졌을지는 당신이 예상한 바와 같다.

무슨 일이 벌어진 것인가? 딸아이는 평범한 내 말을 확실한 약속으로 이해했다. 약속의 이행과 진실함이 부족할 때 영향을 받는 건 어린이들만이 아님을 예수님은 아신다. 진실함이 없으면 사회 구조 자체가 허물어진다.

예수님은 그분을 따르려는 사람들에게 근본적인 관점에서의 변화를 제안하신다. 특히 약속을 지킬 때 진실함을 우선시하는 정직함을 우리에게 요구하신다. 이 내용을 설명하기에 앞서 우리가 이 개념을 이해하기 힘든 이유를 확실히 하는 게 중요하다. 우리는 왜 진실하지 않은가? "아니오"라고 생각하면서 왜 "예"라고 말하는가? 우리는 왜 약속을 지키지 않는가? 우리의 말과 행동 사이에는 왜 종종 큰 차이가 있는 것인가?

우리는 왜 진실하지 못하는 걸까

목회자로서, 그리고 남을 기쁘게 하려는 습관을 극복 중인 사람으로서 내 삶을 돌아보니, 내가 진실하지 못했던 세 가지 이유를 알 수 있었다. 바로 다른 사람을 실망시킬까 봐 두려워서, 늘 정신없이 바쁘게 지내서, 피상적인 문화에 깊이 빠져 있어서였다.

다른 사람을 실망시키는 것에 대한 두려움

진실을 말할 때는 남에게 실망을 안겨 줄 위험을 감수해야 한다. 우리 대부분은 특히 우리가 존경하는 사람들이 우리에게 기대하는 바에 끊임없이 순응한다. 신학자 스탠리 하우어워스(Stanley Hauerwas)가 지적한 대로 우리는 불쾌감을 주고 싶어 하지 않는다.

> 우리가 거짓말쟁이여서 거짓말을 하는 것이 아니다. 누구에게도 상처를 주고 싶어 하지 않는, 적당히 좋은 사람들이라서 거짓말을 자주 하는 것 같다. 그래서 우리는 해야 할 말을 하지 않는 경우가 많은데 그 결과를 받아들이고 싶지 않기 때문이다.[1]

20년 가까이 결혼 생활을 이어 오는 지금도 내가 지속적으로 성장 중인 영역 가운데 하나는 아내를 진실하게 대하는 것이다. 우리 관계에서 휴가 계획이나 재정 우선순위, 육아에 대한 접근법 등 어떤 문제에 대해 내가 다른 의견을 가졌던 적이 여러 번 있었다. 그 문제에 대해 진솔하게 내 의견을 말하는 용기를 내기까지 몇 년이 걸렸다.

왜 그렇게 망설였을까? 아내를 실망시키고 아내에게 상처 줄지도 모른다는 두려움 때문이다. 하지만 내 관점을 무조건 버리는 태도가 아내에게도, 우리 관계에도 아무런 도움이 되지 않는다는 걸 곧 깨달았다. 게다가 엉뚱하게도, 내 침묵은 아내가 내 솔직함에 대처할 수 없다는 뜻으로 받아들여졌다.

사실은 의견 불일치에 대처할 수 없는 사람은 바로 **나**였다.

우리는 사랑받고 싶은 갈망 때문에 거짓말을 한다. 우리 각자에게는 애정과 소속감을 원하는 무언가가 있다. 그것이 느껴지지 않을 때 우리는 이를 확보하기 위한 길을 만든다. 놀랍게도 거짓말을 하면 (부분적으로) 이 목적을 달성할 수 있다. 나는 특정한 사람이나 집단으로부터 사랑받기를 간절히 원한 나머지 시간과 에너지에 건전한 한계를 정하지 못한 수많은 신자들과 대화를 나누었다.

한 자원봉사자 모임에서 제리(가명)를 알게 되었다. 그와 나눈 짧은 대화에서 나는 우리 교회를 위한 그의 '헌신적인 봉사'(목사의 꿈이 아니던가)에 감사한다고 언급했다. 몇 주 뒤, 우리는 함께 아침 식사를 했다. 나는 그의 결혼 생활에 대해 몇 가지 일반적인 질문을 하면서 그가 건강과 결혼 생활이 나빠질 만큼 과도하게 교회 봉사를 하고 있음을 알게 되었다. 그의 몸은 "아니오"라고 말하지만, 그의 입은 계속 "예"라고 말하고 있었다. 그가 안식일을 지키지 못하는 것과 아내와 건전한 관계를 키우지 못하는 것에 대해 내가 묻자, 그의 동기가 드러났다.

그는 머뭇거리며 이렇게 말했다. "목사님, 제가 만약 교회 봉사를 거절하거나 제한을 둔다면 리더로서 제가 하는 일에 대해 교인들의 관심과 칭찬을 받지 못할 것 같아 두렵습니다."

그 순간, 나 역시 그런 유혹에 익숙하다고 고백하지 않을 수 없었다. 사랑과 존중받는 것에 우리 정체성을 두면 결국 남을 기쁘게 하는 데 필요한 끝없는 노력이 우리를 망가뜨릴 것이다. 다른 사람들을 영원히 행복하게 할 수는 없기 때문이다.

정신없이 바쁜 생활

왜 우리는 약속을 지키지 못하는가? 우리 삶의 속도가 우리가 내리는 결정을 감당하기 어려운 경우가 많기 때문이다. 이를 정서적으로 건강한 언어로 다시 표현해 보자면 이렇다. **내가** 사는 속도는 **내가** 내리는 결정을 감당하기 어려운 경우가 많다. 나는 수많은 프로젝트에 과도하게 몰두해 본 적이 있다. 도움이 되고 싶은 마음에 승낙했지만, 그것이 "예"(Yes)의 눈사태를 일으켜 극도의 피로와 가족 불화로 이어진다는 것을 잘 안다.

많은 사람이 분주함을 우상화하는데, 분주하면 자신이 중요한 사람처럼 느껴져서다. 우리가 행위, 특히 '선한' 행위의 소용돌이에 휘말리는 것은 자아감을 입증해 주기 때문이다. 하지만 그로 인해 문제가 발생한다. 한 발 뒤로 물러서서 무엇이 최선인지 판단하거나 휴식을 취할 여유가 없는 것이다.

수년간 너무 많은 일에 헌신한 탓에 새로 생긴 습관이 있다. 나에게 주어진 제안에 동의하기에 앞서 생각해 보겠다고 사람들에게 알리는 것이다. 내가 무언가에 전념할 수 있는지 성찰하기 어렵다면 거절해야 한다는 신호다. 여전히 이 부분에서 훈련이 필요하지만, 나는 이 방법을 통해 많은 짐을 덜었다.

진실하려면 내면의 명료함을 위한 여유를 만들 필요가 있다. 우리의 가치관을 발견하고 표현하면, 다른 사람들이 우리에게 기대하는 것들의 얽매임에서 자유로워진다.

언젠가 한 친구와 이야기를 나눈 적이 있다. 나는 그에게 우리 교회 목회자로 오는 것을 고려해 보겠느냐고 물었다. 그는 목회자로서 자기 소명이 너무도 분명하다면서 내 제안을 곧바로 거절했고, 그 모습에 나는 깜짝 놀랐다. 당연히 그가 그 제안을 두고 기도할 시간을 달라고 할 거라 예상했기 때문이다(어쨌거나 "기도해 보겠습니다"라는 말은 그 순간 명확하게 거절하는 것을 피하려고 내가 종종 사용한 전략이었다). 그런데 그는 조금도 망설이지 않고 이렇게 답했다. "아니야. 난 우리 교회를 떠나라는 부르심을 받지 못했어. 계속 이 교회에 있을 거야." 나는 그의 명확한 마음과 간결한 대답에 감탄했다. 가식이라곤 없었다.

그는 자신이 말하는 "아니오"(No)가 진짜 "아니오"가 될 수 있도록 삶의 속도를 충분히 늦추었다. 당신도 그런 명확함을 가질 수 있다. 하지만 먼저 속도를 늦추고, 우선순위를 고민하고 난 다음, 우아하지만 끈질기게 그것들을 보호해야 할 것이다.

피상적인 문화

마지막으로, 우리가 진실하지 못하게 되는 것은 정직한 사람이 거의 없는 얄팍한 문화 속에서 살아가고 있기 때문이다. "어떻게 지내세요?"라는 질문에 자동적으로 "잘 지내요! 스트레스 없이!"라고 대답한다. 일부 환경(특히 그리스도인 모임)에서 정직하고 진실을 말하는 것은 지나치게 위험하다고 느껴진다.

슬프게도, 제자도에 대한 우리의 관점은 좋지 않은 날들을 위한 여지를 주지 않는다. 교회에서 우울증 같은 정신 건강 상태를 죄로 여기는 것은 흔하다. 다른 사람이 겪는 시련에 대해 도덕적 판단을 내리는 일도 흔하다. 또한 당연하지만, 많은 사람이 애정 어린 태도를 보이지 않는 사람에게 자기 삶의 은밀한 부분을 공개하는 걸 안전하다고 느끼지 않는다. 이것은 비극이다. 거짓을 조장하는 공동체는 지속 가능하지 않고 생명을 살릴 수도 없다.

::

우리 앞에 놓인 이 세 가지 도전 과제를 잠시 성찰해 보자. 당신은 다른 사람을 실망시킬까 봐 두려워서 정직하지 못한 적이 있는가? 정신없이 바쁜 삶은 균형 잡힌 중심으로부터 승낙하거나 거절할 능력을 어떻게 훼손했는가? 피상적인 문화는 당신의 진실함을 어떻게 오염했는가? 우리가 예수님을 가까이 따르면 새로운 삶의 터전을 얻게 된다. 삶의 속도를 늦춰 그분과 함께하면 당신의 말은 안정된 장소에서 나오게 될 것이다. 예수님의 사랑 안에 살면 당신이 정말로 어떻게 지내는지 솔직하게 밝힐 수 있다.

이 모두가 중요한 이유는 거짓말이 우리에게 끼치는 영향 때문이다.

악한 자로부터 오는 것

끊임없이 거짓말을 하면 결국 말한 대로 현실이 된다. 그리고 그런 일이 벌어질 때 우리 영혼은 심각한 위험에 빠진다.

성령 모독과 관련된 논쟁적인 예수님의 말씀이 이 문제를 해결해 준다. 마태복음 12장 22-37절에 나오는 이야기를 요약해 보겠다.

공생애의 이 시점에 예수님은 귀신에 대한 그분의 권위를 일관되게 보여 주신다. 귀신 들린 자가 예수님 가까이 오면, 오래지 않아 그 사람이 구원을 받는다. 예수님은 공동체를 위한 의미 있는 사역을 하고 계시지만 종교 지도자들은 그분의 존재에 위협을 느낀다. 예수님의 존재는 그들의 권력을 위태롭게 한다. 예수님이 아무리 선한 일을 많이 행하셔도 자기 잇속만 차리는 그들의 이야기와 충돌한다. 예수님의 아름답고 능력 있는 치유 사역에도 불구하고, 그들은 그것을 보지 못하고 음미하지 못하고 받아들이지 못한다.

당시에 귀신을 쫓아내는 능력은 그 사람의 삶을 향한 하나님의 은혜를 증명하는 것이었음에도 이 종교 지도자들은 예수님이 하나님의 사람이 아니라고 계속해서 주장한다. 예수님이 행하시는 기적을 그 누구도 부인할 수는 없는지라 그들은 예수님이 사탄과 손잡았다고 비난한다. 그분이 귀신의 능력으로 일한다는 것이다.

이에 대해 예수님은 다음과 같이 냉정하게 경고하신다. "또 누구든지 말로 인자를 거역하면 사하심을 얻되 누구든지 말로 성령을 거역하면 이 세상과 오는 세상에서도 사하심을 얻지 못하리라"(32절).

이 경고를 어떻게 이해해야 할까? 로널드 롤하이저가 다음과 같이 잘 요약했다.

> 지금 당신이 하는 행동, 즉 사실로 인정하기 너무 불편해서 거짓을 덧씌우는 일에 주의하라. 이런 행동을 계속하면 결국 자신의 거짓말을 믿게 될 수도 있기에 위험하다. 당신은

진실을 거짓으로, 거짓을 진실로 여기게 될 것이고, 더는 용서를 원치 않게 될 테니 그 행동은 용서받지 못할 것이다.[2]

거짓말은 단순히 미심쩍은 성품을 가졌다는 표시가 아니다. 악한 세력에 붙들린 것이다. 이런 악은 오직 진실을 말함으로써 몰아낼 수 있다.

진실을 말하라, 진실하게 말하라

진실을 말한다는 것, 진실하게 말한다는 것은 어떤 모습인가? 몇 가지를 정리해 보면 다음과 같다.

첫째, 우리가 뜻하는 바를 말하는 것이다. 아내가 내 맹점을 지적했을 때 무척 방어적으로 대했던 순간이 기억난다. 아내의 말은 내가 주의를 기울여야 했던 성장의 영역을 드러내 주었다. 그런데 나는 겸손하게 경청하기는커녕 아내에게 거친 말을 퍼부었다. 몇 분 뒤, 내 잘못을 깨닫고 아내에게 "여보, 날 용서해 주겠어요?"라고 물었다. 아내의 대답은 나를 놀라게 했지만, 그 솔직함이 고마웠다. "결국엔 용서하겠죠." 우리가 쌓아 온 관계 덕분에, 아내의 이 망설임이 결혼 생활의 끝을 의미하지 않는다는 것을 나는 알고 있었다. 이는 단지 아내가 진심이 아닌 말은 하지 않겠다는 뜻이었다.

둘째, 진실하게 말한다는 것은 우리가 말한 것을 행동으로 옮기는 것이다. 진실함은 궁극적으로 내면과 외면의 일치이자 통합의 문제다. 겉으로 나타나는 모습은 내면의 상태와 일치한다. 진실을 말한다는 것은 하나님의 은혜로 말한 바를 끝까지 실천하는 것이다. 진실한 삶은 우리가 하는 말과 우리가 사는 방식 사이의 간격을 좁혀 준다.

셋째, 진실하게 말한다는 것은 내가 어디에서 어떤 말을 하건 모든 곳에서 하는 말이 같다는 의미다. 누군가에게 어떤 의견을 말하고 나서 다른 사람에게는 확신의 정도를 조절해 본 적이 있는가? 우리는 왜 관점을 바꿔야 할 필요성을 느끼는가? 특정한 사람의 어떤 부분이 당신의 관점을 바꾸게 하는가? 진실하게 살려면 곁에 있는 사람이 누구든 그 기대에 부응하려고 변신해서는 안 된다.

마지막으로, 예수님의 방식대로 진실을 말하기 위해서는 사랑이 반드시 있어야 한다. 진실을 말하는 것과 사랑이 분리되는 경우가 흔하다. 사실, 사랑 없이 진실을 말하는 것이 오히려 진정성의 표식처럼 여겨지기도 한다. 디트리히 본회퍼가 말했듯 "자신만을 위한 진실, 적대감과 증오로 말한 진실은 진실이 아니라 거짓이다. 진실은 우리를 하나님의 임재 앞으로 이끌고 하나님은 사랑이시기 때문이다. 진실은 명료한 사랑이

거나, 그렇지 않으면 아무것도 아니다."³

물론, 이것이 우리 말이 늘 듣기 좋고 세련되어야 한다는 뜻은 아니다. 하지만 우리가 전하려는 진실을 사랑이 움직이게 해야 함은 분명하다.

약속을 하고 지키는 연습

목회자인 나는 (나를 포함하여) 사람들이 하는 수많은 서약을 가장 가까운 곳에서 지켜본다. 공동체의 일원이 된다는 것은 다른 사람들을 위한 봉사에 우리의 시간, 에너지, 재능을 헌신할 다양한 기회가 있다는 뜻이다. 그러나 이는 모든 의무에서 자유롭고 싶어 하는 문화와 충돌한다. **의무**는 많은 사람에게 금기어다. 욕망이 없는 책임만을 암시한다. 관용이 아닌 강압처럼 들린다. 좋은 **느낌**은 아니다. 하지만 예수님을 따르는 것이 언제나 좋은 **느낌**은 아니다. 실제로 예수님은 그분을 따르는 이들에게 자기 십자가를 지고 그분을 따르라고 요구하신다(마 16:24-25 참고).

다른 사람을 위해 무언가를 하겠다고 약속하는 것은 예수님 나라를 아름답게 보여 주는 것이다. 두 사람이 결혼할 때 삶의 고비마다 서로 함께할 것을 약속한다. 그리하여 두 사람은 자기 백성을 향한 하나님의 언약적 사랑을 형상화한다(나는 예수님이 간음과 같은 관계의 위반이 있을 경우 우리가 한 서약을 지키지 않아도 된다고 허락하신다는 사실을 충분히 인지한다. 이 가르침은 사람들이 해로운 관계에 부당하게 남아 있도록 강요하지 않도록 세심하게 다루어야 한다).

내가 뉴라이프펠로십의 담임목사가 되었을 때 교회에서 이취임식을 했다. 성도들이 지켜보는 가운데 내 앞에 선 전임자는 내게 하나님의 은혜로 내 모든 의무를 성실히 수행하겠다고 서약할 것을 권유했다. 그 서약을 할 때 나는 내 역할이 이 양 떼에게 하나님의 목자의 마음을 보여 주는 것임을 느꼈고 내 소명의 무게를 실감했다. 서로 약속을 지키는 것에는 강력한 힘이 있다. 내가 하고 지킨 약속들로 인해 내 인생은 풍성해지며, 때로는 약속을 지키기가 힘들지만 하나님은 (비록 불완전하더라도) 진실함을 추구하는 사람들을 존중하신다.

하나님의 "예"(Yes)는 정말 "예"다

하나님께는 우유부단함이 없다. 그분은 진심을 말씀하시고 약속을 지키신다. 이 사실이 우리에게 말하는 바는 무엇인가? 최소한, 하나님의 성품을 신뢰할 수 있다는 것이다. 그리스도를 통해 하나님은 인류를 향한 바꿀 수 없는 약속을 보여 주셨다. 하나님은 우리를 위하겠다고 약속하시며 그분의 임재와 변함없는 사랑을 맹세하신다. 우리는 하나님이 오늘은 우리를 사랑하시고 내일은 마음을 바꾸실까 봐 염려하지 않아도 된다. 그렇다. 그건 이미 해결된 문제다. 당신을 향한 하나님의 보살핌을 확신해도 좋다.

어쩌면 당신은 힘든 시간을 보냈는지도 모른다. 삶은 쉽지 않았고, 그 결과 당신은 하나님이 **실제로** 약속을 지키실 것인지 의문이 든다. 어쩌면 당신을 향한 하나님의 신실하심을 의심할 수도 있다. 아마도 최근의 좌절 때문에 방향 감각을 완전히 잃었는지도 모른다. 어쩌면 선의를 가진 사람들이 지키지 않은 약속들 때문에 하나님을 바라보는 당신의 시선이 더 렵혀졌을 것이다. 당신이 겪은 일을 내가 다 알 수는 없지만, 하나님의 모든 약속은 그리스도 예수 안에서 "예(Yes)이고 아멘"임을 당신에게 상기시켜 주고 싶다. 하나님의 말씀은 신실하고 그분의 약속은 신뢰할 수 있다.

예수님을 따라 좁은 길을 걷다 보면 당신 인생에서 그분의 신실함을 보게 된다. 느리지만 확실하게, 예수님은 당신을 신뢰할 수 있고 진심을 담아 말하는 사람으로 변화시키실 것이다.

chapter 7.

성(性),
욕망의 소비가 아닌
언약적 사랑으로
누리다

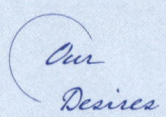

2018년 5월 19일 아침을 똑똑히 기억한다. 나는 깊이 잠들어 있었는데, 느닷없이 밝은 빛이 방 안을 비췄다. 흥겨운 음악과 노랫소리가 들려오기 시작했다. 순간 나는 내가 천국 문 앞에 와 있다고 생각했다. 알고 보니 아내가 해리 왕자(Prince Harry)와 메건 마클(Meghan Markle)의 왕실 결혼 예식을 보려고 새벽 다섯 시에 텔레비전을 켠 것이었다. 그날 텔레비전을 지켜본 사람이 내 아내만은 아니었다.

무려 2,900만 명이 이 결혼식을 지켜봤다. 이 부부에게 그토록 많은 관심이 쏟아진 이유는 무엇인가? 많은 사람이 왕실과 관련된 모든 것에 흥미를 느끼는 건 분명하지만, 나는 더 심오한 답이 있다고 생각한다. 예전에 미리엄 제임스(Miriam James)라는 수녀가 트위터에 올린 글을 읽은 적이 있다.

인간의 마음은 왜 멋진 왕실 결혼식을 사랑하는가? 끝없는
친밀한 교제 가운데 우리를 영원히 사랑하실 그분 앞에

순수하고 거룩하며 흠이 없는 모습으로 드러나는 것이 우리의 가장 깊은 욕망이기 때문이다.[1]

기혼이든 미혼이든 세상을 향한 하나님의 열정적인 사랑의 상징인 결혼에 대한 비전이 우리에게는 주기적으로 필요하다. 예수님이 산상수훈에서 다루시는 모든 주제 가운데 간음과 정욕에 관한 말씀은 아마도 가장 강력한 저항을 불러일으킬 것이다.

목사로서 이런 주제들에 대해 가르치고 난 뒤 다음과 같은 이메일을 받은 적이 있다. "사람들이 집에서 사적으로 하는 행동에 지나치게 신경 쓸 필요는 없습니다." 내가 속한 어느 소모임에서는 인간의 성(性)에 대한 견해를 온건하게 표현한 사람이 있었다. 그 사람은 성경이 "문화적으로 영향을 받은" 것이므로 "새로운 해석의 렌즈가 필요하다"라고 말했다. 교회가 성에 관해 이야기하는 방식이 불친절하고 도움이 안 되는 경우가 많아서 나는 마음으로 그 말에 전적으로 동의한다.

예수님은 우리가 성 윤리에 대해 품은 모든 궁금증을 깔끔하게 해결해 주시지는 않지만, 하나님이 우리의 욕망과 그것을 어떻게 다스리는지에 깊은 관심이 있다는 것을 분명히 하신다. 우리의 성적 욕망을 가지고 무엇을 하느냐는 하나님과의 관계에 직결된다.

이 말이 얼마나 편협하게 들릴지 알지만, 예수님은 '정욕으로 서로를 이용하지 않고, 순결하고 친절하게 서로 사랑하는' 좁은 길의 아름다운 부분으로 우리를 안내하신다. 우리는 모두 마음속으로, 자유롭고 신실하며 생산적인 삶을 갈망한다. 하지만 슬프게도 우리가 사는 세상은 다른 사람을 착취하고 대상화하는 식으로 성을 상품화하며, 그러한 이유로 (곧 보게 되겠지만) 예수님은 당시(와 오늘날)의 성 윤리를 비난하신다.

정욕의 파괴력

늘 그렇듯 예수님은 행동에 관심이 있으실 뿐만 아니라 문제의 근원을 파고드신다. 간음을 못마땅하게 여기는 고대 문화에서 온갖 정욕을 마음과 머릿속에 품고도 (엄밀히 말하자면) 부정을 저지르지 않을 수도 있음을 예수님은 아신다. 간음을 단순한 외적 죄가 아닌 내면의 죄로 규정함으로써, 그분은 정욕을 키우는 모든 사람에게 그들의 결혼 여부와 관계없이 이렇게 말씀하신다.

> 또 간음하지 말라 하였다는 것을 너희가 들었으나 나는
> 너희에게 이르노니 음욕을 품고 여자를 보는 자마다 마음에

이미 간음하였느니라.

°마태복음 5장 27-28절

포르노가 난무하는 스마트폰 시대에 예수님은 욕망에 찬 눈빛이 간음과 똑같다고 말씀하신다! 요즘 그런 눈길에 빠져 보지 않은 사람이 있는가? 예수님은 그마저도 충분히 세지 않다는 듯 더 높은 수준으로 끌어올리신다.

만일 네 오른 눈이 너로 실족하게 하거든 빼어 내버리라 네 백체 중 하나가 없어지고 온몸이 지옥에 던져지지 않는 것이 유익하며 또한 만일 네 오른손이 너로 실족하게 하거든 찍어 내버리라 네 백체 중 하나가 없어지고 온몸이 지옥에 던져지지 않는 것이 유익하니라.

°마태복음 5장 29-30절

간음은 아마도 가장 심각한 종류의 배신일 것이다. 두 사람이 하나님과 공동체 앞에서 서로 서약할 때 그들은 기쁠 때나 슬플 때도 상대방을 사랑하겠노라고 약속한다. 그리스도인의 결혼에서 우리는 단순히 교회 **안에서**뿐만 아니라 교회를 **위해서** 결혼한다. 다시 말하면, 우리의 사랑은 모두가 볼 수 있게 전시되어 교회와 세상을 향한 하나님의 열정적인 헌신을 사람들에게 보여 준다.

예수님은 이 모든 내용을 분명히 말씀하시고 나서 한 걸음 더 나아가신다. 그분은 마음으로 하는 간음에 저항하는 좁은 길을 제시하시며 우리에게 정욕에 맞서라고 요구하신다.

예수님은 대다수 사람이 (그때나 지금이나) 이렇게 말할 것을 알고 계신다. "저는 그 계명을 지켰답니다." "저는 간음하지 않았어요." "결혼 생활 이외에 누군가와 잠자리를 가진 적이 없어요." 혹은 결혼하지 않은 사람이라면 이 부분을 그냥 모두 건너뛴다. 하지만 잠깐만. 예수님께 속해 하나님 나라에서 산다는 것은 우리의 욕망, 생각, 의도가 그분의 사랑으로 형성되어야만 한다는 의미임을 예수님은 상기시켜 주신다.

산상수훈에서 정욕이라는 개념은 분노와 비슷하다. 두 가지 모두 노골적인 간음이나 살인으로 확대되지 않더라도 조용히 마음속을 파고들어 영혼을 더럽힐 수 있다. "음욕을 품는 자마다"라는 예수님 말씀은 스쳐 지나가는 매력을 가리키는 것이 아니다. 의도적으로 부도덕한 환상을 품는다는 의미다. 정욕이 존재하는 한 사랑은 존재할 수 없다.

정욕은 소모이고, 사랑은 교감이다.

정욕은 취하는 것이고, 사랑은 주는 것이다.

정욕은 이용하고, 사랑은 존중한다.

정욕은 상대방을 약화하고, 사랑은 상대방을 소중히 여

긴다.

하나님은 인간인 우리가 서로 교제를 누리도록 창조하셨다. 존엄과 존경이 특징인 관계를 맺도록 하나님이 창조하셨다. 안타깝게도 우리는 자신의 즐거움을 위해 다른 사람들을 소모하는 것이 일상인 사회에 살고 있다. 따라서 우리는 어떤 식으로든 언제든 원하는 대로 욕망을 충족시키도록 형성되고, 관계란 단지 성적 만족이라는 목적을 달성하기 위한 수단이라고 믿게끔 만들어진다.

이는 우리 시대에 만연한 위험한 현실이다. 음란물이 우리 문화에 미치는 영향으로 인해 우리는 다른 사람들과 진정으로 교감할 수 있는 능력에 부정적인 영향을 끼치는 가상의 관계를 만들어 내게 된다.

다음에 나오는 압도적인 통계 수치를 보자.

* 음란물 사이트는 넷플릭스, 아마존, 트위터를 합친 것보다 더 많은 월간 트래픽을 수신한다.[2]
* 인터넷 다운로드 전체의 35%가 음란물과 관련이 있다.[3]
* 인터넷의 34%가 광고나 팝업 창을 통해 원하지 않는 음란물에 노출되었다.[4]
* "인터넷으로 전송되는 모든 데이터의 최소한 30%는 음란물이다."[5]

한 연구에 따르면 "청소년과 청년들은 음란물을 보는 것보다 재활용을 안 하는 것을 더 부도덕한 행동으로 여긴다."[6] 그리고 과학기술의 발전과 함께 이 문제는 한층 더 복잡해지고 있다. 〈성과 관계 치료 저널〉(*Journal of Sexual and Relationship Therapy*)에서 캐나다의 연구자들은 "누군가는 사람 대신 섹스 로봇과의 애정 관계를 선호하게 될" 날을 향해 가고 있다(그리고 어쩌면 이미 그날에 와 있는지도 모른다)고 예측했다.[7]

매니토바대학교(University of Manitoba) 직업및응용윤리센터(Center for Professional and Applied Ethics) 소장인 닐 맥아더(Neil McArthur) 박사는 이렇게 말했다.

> 몰입형 가상 성관계의 시대가 도래했다고 해도 과언이 아니다. …… 이런 기술들이 진보할수록 도입이 늘어나고 많은 사람이 스스로를 '디지섹슈얼'(digisexual), 즉 주로 과학기술을 활용하여 자기 성 정체성을 드러내는 사람이라고 밝히게 될 것이다.
> 많은 사람에게 이 기술에 대한 경험이 자기 성 정체성에 필수적인 것이 되어 누군가는 인간과의 직접적인 성관계보다 그 기술을 더 선호하게 될 것이다.[8]

이러한 기술 발달은 문화가 성을 다른 인간을 온전히 사랑하기 위한 초대가 아니라 소비하기 위한 상품으로 여기고 있음을 점점 더 드러낸다. (소비와 교제의) 그런 차이는 예수님의 좁은 길을 이해하는 데 매우 중요하다.

소비할 것인가, 교제할 것인가

요즘 세상은 예수님이 사시던 고대의 환경과는 다르지만, 다른 사람을 이용하고 싶은 유혹이라는 인간 본성은 그대로다. 소비가 교제를 대신할 때마다 우리 영혼은 더럽혀진다.

다른 사람을 대상화하는 것은 모든 사람에게 유혹이지만, 산상수훈의 이 부분을 읽다 보면 예수님이 특히 남성들에게 도전하고 계신다는 사실에 주목하지 않을 수 없다. 이는 예정된 결과다. 예수님은 사역하시는 내내 그분이 사시던 남성 우위 사회에 번번이 맞서신다. 여성들을 제자로 받아들이는데 이는 그 시대의 사회적, 종교적 금기 사항이었다. 예수님은 우물가에서 사마리아 여인에게 말씀하신다(이 또한 사회적으로 용인되지 않는다). 예수님은 주기적으로 여성의 존엄성을 인정하고 힘을 실어 주셨다.

수천 년 동안 여성은 남성의 만족을 위한 대상이자 소유물로 여겨졌다. 또한 여성은 남성의 정욕에 대한 책임을 떠안았다. 예수님 당시의 바리새인들은 남성이 정욕을 없애는 열쇠는 **여성과의 모든 접촉을 피하는 것**이라고 믿었다. 이 종교 지도자들은 자신의 행동에 책임을 지기보다 여성을 근본적인 문제로 생각했다. 예수님은 이런 사고방식을 거부하시며 우리 마음에서 흘러나오는 것에 대해 주인의식을 가지라고 요구하신다.

예수님에 따르면 정욕을 다루는 근본적인 방법은 '저 멀리에' 있지 않다. 그것은 '여기에', 다시 말해 우리 마음속에 있다. 일부 복음주의 문화에서는 성적 신실함에 대해 경계를 설정하는 것이 일반적이지만, 그 과정에서 여성을 위험하거나 신뢰할 수 없는 존재로 만드는 경우가 있다. 빌리 그레이엄(Billy Graham)의 원칙이 널리 알려진 예다.

그는 근거 없는 비난에서 자신을 보호하려고 여성과 일대일로 만나는 모든 상황, 심지어 잠깐 엘리베이터를 타는 것조차 피하곤 했다. 경계를 유지하는 것도 중요하지만, 때때로 경계는 여성을 도덕적으로 열등한 자리에 놓이게 한다. 예수님은 이 문제를 분명히 말씀하시며 그 책임을 남자들의 마음에 지우신다. 남성들이여, 성적으로 부적절한 행동을 피하는 길은 자신의 정욕을 다루는 것이다. 나는 성희롱 방지를 위한 연례 필수 직원 교육을 받은 적이 있는데 거기 이런 내용이 있었다.

> 남성 : 성희롱 신고가 두렵다는 이유로 여성들과 함께 일하는
> 것을 피하지 마십시오. 성희롱 신고를 피하려면,
> 사람들을 성희롱하지 않으면 됩니다.

바로 그거다.

이제 나는, 여기서 예수님이 남성들에게 말씀하고 계신다고 해서 여성들은 정욕의 위험이 없다는 의미는 아니라는 점에 주목하고 싶다. 예수님은 주로 남자들에게 말씀하시지만, 그들에게만 말씀하시는 건 아니다. 여성이 정욕의 힘에 유혹을 당하는 방법도 수없이 많다. 기억하자. 정욕의 죄란 성적 만족감을 위해 머릿속에서 관계를 만들어 내는 것이다.

음란물을 보거나 로맨스 판타지 소설을 읽는 것은 오늘날 세상에 언제나 존재하는 유혹이다. 한 여성이 한 남성을 그저 자신의 감정이나 육체적 욕망을 만족시켜 줄 대상으로만 본다면 그 또한 위험에 빠진 상태다.

문제는 우리가 정욕과 마주하게 될 **여부**가 아니라, 그 정욕이 우리 마음속에 모습을 **드러낼 때** 어떻게 할 것인지다. 예수님은 우리가 깜짝 놀랄 만한 가르침을 주신다.

정욕의 원동력

이제부터 상황이 흥미진진해진다. 예수님은 정욕의 힘이 매우 위험하니 거기에 굴복하느니 차라리 눈을 뽑고 손목을 자르는 편이 낫다고 매우 긴박하게 말씀하신다. 어이쿠!

이 구절을 해석하는 방식은 몇 가지가 있다. 개인적으로는 예수님이 말 그대로 절단을 말씀하시는 건 아니라고 생각한다. 여기 제시된 위험을 표현하고자 과장된 언어를 사용하시는 것이다. 한쪽 눈이나 손을 잃는 것이 당신 인생을 송두리째 잃는 것보다 낫다.

예수님이 간음과 정욕에 대해 그렇게 직접적으로 말씀하시는 이유는 거기에서 오는 악영향을 잘 알고 계셔서다. 누군가를 사랑하겠다고 서약했다가 간음으로 그것을 깨 버리는 것보다 더 큰 상처는 없으리라. 그래서 구약성경에서는 이스라엘 역사 속의 반란을 배우자에 대한 부정으로 묘사하곤 한다. 하나님의 백성은 우상을 탐하면서 그분께 지키기로 약속했던 언약을 저버렸다.

목회자로서 나는 간음이 부부나 가족이 헤쳐 나가야 하는 가장 고통스러운 문제 중 하나라는 것과 정욕이 결혼 생활을 얼마나 황폐하게 만드는지를 지켜보았다. 부도덕한 관계를 적

나라하게 보여 주는 문자 메시지나 소셜 미디어 디엠을 발견하고 나서 고통으로 비명을 지르는 사람들 앞에 앉아 있기도 했고, 불륜에 빠진 부모의 소식을 듣고 동요하는 어린아이들과 청소년들을 위로하기도 했다.

예수님은 (인간 사이의 관계 그리고 하나님과의 관계 모두에서) 정욕이 낳는 고통이 어느 정도인지 이해하신다. 성경 앞부분에서 이 점을 볼 수 있다. 에덴동산에서 하나님은 아담과 하와에게 단 한 나무의 열매를 제외한 모든 것을 누려도 좋다고 말씀하신다.

오래지 않아 뱀이 찾아오고, 아담과 하와는 그 나무의 열매를 탐욕스럽게 바라보기 시작한다. 그것은 "보암직"했다(창 3:6). 그들은 그 나무를 하나님처럼 되는 목적을 위한 수단으로 보았다. 그들이 열매를 따 먹은 순간, 죄가 세상에 들어왔다. 그리고 죄와 더불어 수치심, 죄책감, 두려움이 나타났다.

우리의 기쁨을 빼앗고 즐거움을 억압하는 것이 예수님의 목표가 아니다. 그분은 우리가 기쁨을 지키고 신실한 사랑의 선함 가운데 살도록 도우신다. 우리는 어떻게 그럴 수 있는가? 그것은 어쩌면 특정한 영화나 책, 심지어 장소까지 피하는 것처럼 분명한 경계를 설정해야 한다는 의미일 수도 있다. 우리의 약점을 인정하고, 다른 사람들에게 그 과정 중에 있는 우리를 지지해 달라고 요청한다는 의미다.

더불어 그 배후에 있는 더 깊은 원동력을 탐색하는 것도 중요하다. 자기 즐거움을 위해 누군가를 이용하고 있음을 깨달았다면, 그런 충동을 유발하는 충족되지 않은 깊은 욕구가 있다는 것이다. 이런 면에서, 우리의 정욕은 하나님 그리고 다른 사람들과의 애착, 애정, 교제에 대한 욕구를 드러낸다.

나는 일상에서 하나님과 교제하고자 애쓰는 사람들을 돕기 위해 《예수님께 뿌리내린 삶》이라는 책을 썼는데, 그 책에서 당신의 여정에 도움이 될 만한 다섯 가지 실천법을 소개했다. 좀 더 '영적인' 사람이 되기 위해서가 아니라 예수님께 더 가까이 다가가기 위해 이런 영적 리듬을 실천한다면 정욕보다도 예수님이 당신을 무한히 만족시키심을 깨닫게 될 것이다.

I
성적 욕구와 정욕은 다르다

예수님은 우리에게 **성적으로 절제하라**고 가르치시는 것이 아님을 분명히 하는 게 중요하다. 많은 사람이 이 본문을 읽고 성적 욕구를 아예 부정하거나 더러운 것으로 간주하는 것만이 유일한 대응법이라고 결론 내린다. 이는 예수님이 뜻하시는 바가 아니다. 그리스도인들은 종종 성적 욕구에 당황하고 하나님이 그것을 우리에게 주셨음을 잊는다. 성은 거룩함의 반대말이 아니다. 올바르게 추구하는 성은 정욕이 아니다.

누군가를 매력적으로 느끼거나 성적인 친밀감을 원한다고 해서 정욕에 굴복하는 것이 아니다. 의도적으로 그런 상태가 되려 하지 않았다면 성적 흥분도 정욕이 아니다. 유혹을 경험한다고 해서 그것이 정욕도 아니다.

그런 것들은 정욕이 아니라 인간 본성의 일부다. 우리의 인간성을 부정하면 경계심은 편집증으로 변하고, 억압하는 행위는 결국 자기 실현적 예언이 되고 만다. 수치심에 기반한 성 신학을 가진 많은 사람의 목표는 성욕에 대해 생각하지 않는 것이다. 하지만 아이로니컬하게도 성욕에 대해 생각하지 않으려 하면 할수록 더 많이 생각하게 된다.

예수님이 가르치시는 성 윤리는 억압이 아니라 새롭게 질서가 잡힌 성 윤리다. 예수님은 우리가 갈망을 있는 그대로(평범한 인간의 욕망으로) 보기를 원하시지만, 우리의 욕구대로가 아니라 하나님과 이웃을 향한 사랑에 따라 움직이기를 요구하신다. 우리 삶을 이런 방식으로 내드릴 때 은혜가 임한다.

다시 말하지만, 하나님의 사랑은 우리의 욕망을 **제거하지 않으며 재정비하신다**. 안타까운 것은, 교회가 자기 욕망을 이해하려는 사람들을 제대로 돕지 못하는 경우가 많다는 것이다. 교회는 이 문제에 침묵하거나 성과 진실성이 공존하지 않는 공동체를 형성함으로써 우리의 증언을 배신했다. 많은 사람이 내면에 엄청난 상처와 분노를 가지고 이 글을 읽으리라 생각한다. 만약 당신이 그렇다면, 변함없는 사랑을 보여 주시는 한 분을 가리키고 싶다. 교회는 걸핏하면 실패하지만, 하나님 사전에는 실패란 없다.

하나님의 충실한 사랑

우리가 예수님의 가르침에 발맞추어 사는 건 그분의 명령을 긍정적이고 구속적인 관점에서 보는 것이다. 십계명과 마찬가지로, "하지 말라"는 명령의 이면에는 '이것을 추구하라'는 지시가 있다. "살인하지 말라"라는 하나님 말씀은 곧 '신중하고 존엄하게 서로 대하라'는 말씀이다. "탐내지 말라"는 '삶의 모든 것을 선물처럼 여기며 감사하고 만족하며 살라'는 뜻이며, "간음하지 말라"는 '너희의 관계가 신실하고 언약적인 사랑으로 채워지도록 하라'는 말씀이다.

쉽고 빠른 정욕의 길은 깊고 느린 사랑의 길을 우회한다. 사랑을 추구하는 것은, 우리의 욕망을 요구대로 충족되어야 할 것으로 여기는 세상의 가치 체계로부터 우리 자신을 벗어나게 하는 것이다. 예수님의 좁은 길은 우리 안에 작용하는 더 깊은 실재와 갈망을 분별하고, 우리의 사랑이 하나님과 이웃을 향하도록 촉구한다. 우리는 이것이 성경 전체에 걸쳐 하나님과 그 백성의 언약적 관계에서 어떻게 작용하는지 볼 수 있다.

하나님은 우리가 다른 사람들을 그분의 형상대로 창조된 사람으로 대하기를 원하신다. 왜일까? 하나님은 우리를 절대 저버리지 않으시기 때문이다. 하나님은 우리를 도구처럼 다루지 않으신다. 비록 하나님이 우리를 '사용하신다'는 말이 교계에 널리 퍼져 있지만 말이다. 신실하신 하나님은 은혜 가운데 그분의 삶을 우리 삶과 연결하신다. 우리는 유용성이 다하면 사용되고 버려지는 존재가 아니다. 하나님은 우리가 죽기까지, 그리고 그 이후까지도 사랑하시며 소중히 여기신다.

하나님의 충실한 사랑은 우리를 향해 아낌없이 쏟아부으신 예수님의 행위에서, 특히 십자가에서 가장 잘 드러난다. 거기서 예수님은 자유롭고 온전하며 신실하게 우리를 사랑하시겠다는 그분의 맹세를 가장 선명하게 보여 주신다. 우리는 소모품이 아니다. 우리는 교제하는 삶을 위해 창조된 사랑받는 존재다.

그러니 친구여, 힘을 내라. 하나님의 충실함은 당신의 가장 나쁜 순간들이 당신을 규정하지 않는다는 뜻이다. 하나님의 은혜로 당신은 다시 시작할 새로운 가능성을 얻는다. 당신이 수년간 이 영역에서 실패했을 수도 있지만, 바로 지금 하나님의 사랑이 당신에게 부어진다. 이 사랑에는 당신을 수치심에서 치유로 옮겨 줄 힘이 있다. 이 사랑은 자기 보호나 정죄의 태도가 아니라, 진정한 회개의 영으로 당신이 자기 죄를 고백하도록 돕는다.

어쩌면 당신은 한때 좁은 길을 걷다가 다시 넓은 길로 되돌아갔을 수도 있다. 지금도 하나님의 충실한 사랑은 당신이 그분의 좁은 길로 다시 발걸음을 내딛도록 용기와 의지로 당신을 채울 수 있다. 그 길에서 당신은 당신 존재의 가장 깊은 곳에 스며드는 만족감을 발견할 것이다.

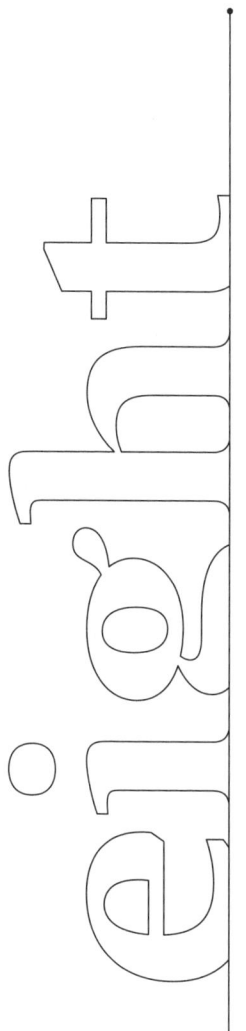

chapter 8.

불안으로 움킨
손을 펴
돈의 신전에서
벗어나다

Our
Money

어느 날 아침, 사야 할 물건이 있어서 편의점에 갔다. 편의점으로 들어갈 때 한 남자가 입구에 서서 돈을 요구하고 있었는데 우리 동네에서는 흔한 일이었다. 나는 그 남자를 보는 둥 마는 둥 하고 물건을 사러 들어갔다. 나는 그 남자가 잔돈이나 현금을 기대하며 밖에서 기다리고 있으리라는 것을 알았지만, 내게는 10달러짜리 지폐밖에 없었다. 그에게 10달러나 주는 건 터무니없는 짓이었으므로(적어도 내 생각은 그랬다) 가게를 나서며 이렇게 거짓말을 했다. "죄송하지만 현금이 없네요."

한 블록쯤 걸은 후 주머니에 손을 넣어 자동차 열쇠를 꺼내다가 그만 10달러짜리 지폐가 떨어졌다. 즉시 손을 뻗었지만, 그 사이에 지폐는 바람에 날아가 버렸다. 잽싸게 두 걸음을 걸어 지폐를 잡으려 했지만, 또다시 불어온 바람에 지폐는 편의점 쪽으로 좀 더 날아갔다. 그 상황에서 나는 어떻게든 발로 지폐를 잡아 보려고 사납게 다리를 뻗어 길바닥 여기저기를 내리찍기 시작했다. 세 차례 시도 끝에 마침내 10달러짜리 지폐가 내 발밑에 들어왔다. 나는 지폐를 주머니에 집어넣고 허벅지를 두어 번 두드리며 안도의 한숨을 내쉬었다.

차에 올라타자 이런 생각이 들었다. '하나님이 편의점 앞에 있던 그 남자에게 내 10달러를 날려 보내려 하셨던 거라면 어쩌지?' 나는 5초쯤 고민하다가 차를 몰아 출발했다.

나는 종종 그날 일을 떠올린다. 돈을 아끼려고 미친 듯이 애쓰는 나를 다른 사람들이 쳐다보는 모습이 그려져서가 아니라, 어떤 힘(우리 모두에게 거의 그와 같은 영향을 미치는 힘)에 사로잡혀 아래로 끌려가는 내가 보였기 때문이다. 내가 길거리에서 돈을 쫓아다닌 건 내 돈이 다른 사람 손에 넘어가지 않고 내 주머니에 남아 있기를 원해서였다.

나는 돈을 추구하는 것, 돈에 집착하는 게 어떤 건지 너무나 잘 안다. 사실 돈의 노예가 된다는 것이 뭔지도 안다. 부유하지 못한 가정에서 자란 나는 항상 크게 성공하는 것이 꿈이었다. 대학에 입학하면서 **큰돈**을 벌겠다는 단 하나의 목표를 가지고 마케팅을 전공했다. 그 꿈이 즉시 이루어지지 않자, 마치 사장처럼 마음대로 카드를 긁을 수 있는 허울 좋은 힘을 실어 준 신용카드 회사로 눈길을 돌렸다. 돈과 돈으로 살 수 있는 것들이 내가 내리는 결정의 핵심 동기가 되었다. 그리고 이건 그리스도인이 되었어도 쉬이 바뀌지 않았다.

그리스도를 믿게 되었을 때, '씨를 뿌려' 돈을 불리는 법을 안다고 주장하는 기독교 텔레비전 방송 설교자들의 방송을 보기 시작했다(이는 그 설교자의 사역에 기부하면 상당한 보상을 받게 되리라는 믿음의 약속이었다). 빠르게 부자가 되라고 강조하는 그들의 말은 가난하게 자란 내 호기심을 건드렸다.

아내와 결혼한 20대 중반에도 내 금전 생활은 여전히 문제가 많았다. 우리는 금세 소비자 부채에 빠졌고, 잘못된 재정 결정이 초래한 굴레에서 벗어나기까지 몇 년이 걸렸다.

이 모든 과정을 겪으면서 돈은 단순한 도구가 아니라 권력(나를 노예로 만들 수 있는 위험한 권력)임이 분명해졌다. 그리고 나만 그런 게 아님을 나는 알고 있다.

당신에게 이런 질문을 하고 싶다. "당신과 돈의 관계는 어떤가요? 제가 좀 참견하는 것 같겠지만, 우리끼리 하는 이야기니까, 재정 상태는 어떤가요?" 몇몇은 이렇게 답할 것 같다. "글쎄요, 저는 십일조를 하고 지역 자선단체도 후원하고 있으니 이만하면 괜찮지요." 혹은 빚이 없고 유용한 재무 시스템을 이용하고 있으므로 돈은 큰 문제가 아니라고 생각할 수도 있다. 아니면 매월 각종 청구서를 간신히 납부하면서도 더 많이 기부해야 한다는 생각에 사로잡혀 내 질문에 부끄러워할지도 모른다.

당신이 재정적으로 풍족하든지 부족하든지, 예산이 체계적이든지 빠듯하든지 예수님은 우리 모두를 위해 "맘몬"을 말쓸하신다.

치명적인 맘몬의 위력

"맘몬"이란 "사람이 신뢰하는 재물"을 가리킨다.[1] 많은 사람이 성경에서 (정확히 말하자면, 돈 자체가 아니라) 돈에 대한 사랑이 일만 악의 뿌리라고 말씀하고 있음을 재빨리 지적할 것이다. 전적으로 맞는 말이다. 그러나 여기서 예수님은 우리에게 필요한 관점을 보여 주신다. 돈은 수동적인 도구로 그치지 않는다. 우리를 자기 신전으로 끌어들이는 경쟁 신이다. 그 신의 이름이 바로 맘몬이다. 예수님이 이 가르침을 어떻게 마무리하고 다시 처음으로 돌아가시는지 살펴보자.

예수님이 말씀하신다. "한 사람이 두 주인을 섬기지 못할 것이니 혹 이를 미워하고 저를 사랑하거나 혹 이를 중히 여기고 저를 경히 여김이라 너희가 하나님과 재물을 겸하여 섬기지 못하느니라"(마 6:24). 예수님은 하나님을 섬기는 것은 선택의 여지가 없는 행동이므로 그분께만 예배해야 한다고 말씀하신다. 이 말씀이 흥미로운 것은 우리 인간은 동시에 너무나 많은 것을 섬길 수 있어서다. 도미니카 신학자 허버트 매케이브(Herbert McCabe)는 이렇게 말했다.

우리는 학문 연구에 평생을 바친다거나, 정치적 해방을 위해 헌신한다거나, 단순히 사랑에 푹 빠진 사람들을 알고 있다. …… 그러나 당신이 만약 돈을 섬긴다면 …… 그렇다면 하나님을 섬길 수 없을 것이라고 예수님은 말씀하신다.[2]

예수님에게 하나님과 돈을 동시에 섬기는 일은 불가능하다. 존 웨슬리(John Wesley)가 말했듯이, 하나님과 맘몬 모두를 편안하고 일관되게, 모순 없이 섬길 수는 없다.[3]

돈의 강력한 힘 때문에 예수님은 돈을 다른 무엇과도 다른 독특한 범주에 넣으신다. 돈은 권력의 상징, 아니 바로 그 권력 자체다. 돈만큼 많은 것을 가능하게 하는 것은 드물다. 돈은 누가 주류에 속하고 누가 소외될지를 결정한다. 사람들은 돈 때문에 가족의 안녕을 희생한다. 돈을 좇다 보면 건강을 해치게 된다. 돈 때문에 진실성이 훼손된다. 돈 때문에 경계를 넘어서고, 돈 때문에 권력이 뒤바뀐다. 돈 때문에 목소리를 내지 못하게 된다.

돈은 세상의 정사와 권세에 의해 움직이는 독자적인 생명을 지닌다. 따라서 돈을 사랑함이 모든 악의 뿌리라는 말은 진실이다. 그럼에도 불구하고, 맘몬은 우리가 맞서 싸워야 할 유혹적인 힘을 지닌다.

돈의 잠재적 위험을 생각해 보면 몇 가지가 떠오른다.

돈은 우리 삶을 잠식한다

가장 먼저 생각난 건, 돈이 우리 삶을 빠르게 장악한다는 사실이다. 러시아의 위대한 소설가 톨스토이(Leo Tolstoy)는 단편 소설 《사람에게는 얼마만큼의 땅이 필요한가》(*How Much Land Does a Man Need?*)에 이를 잘 담아냈다.[4]

이 이야기에서 한 소작농은 자기가 가진 것보다 훨씬 더 많은 것을 원한다. 그러던 어느 날 그는 믿기 어려울 만큼 좋은 제안을 받는다. 단돈 1,000루블(현재 미국 달러로 약 11달러에 해당한다)이면 그가 원하는 만큼 땅을 살 수 있다는 내용이다. 그가 **만약** 해 지기 전까지 출발 지점으로 돌아오면 하루 종일 돌아다닌 모든 땅이 그의 것이 된다는 조건이었다.

다음 날, 남자는 가능한 한 멀리 가려고 빠르게 움직인다. 걷느라 힘들었지만 한 걸음 내디딜 때마다 그가 소유할 땅이 넓어지는 셈이다. 몇 시간 후, 그는 출발 지점에서 꽤 멀리 와 있음을 깨닫고는 달리기 시작한다.

날이 저물 무렵, 그는 출발점을 바라본다. 자신이 가로질러 온 모든 땅이 이제 곧 자기 땅이 되리라는 생각에 그는 해 지기 직전에 힘겹게 결승선을 통과한다. 하지만 안타깝게도, 출발 지점에 돌아오고 몇 분 지나지 않아 그는 쓰러져 죽고 만다. 남겨진 그의 하인들이 그를 위해 판 무덤의 크기는 고작 약 180센티미터 길이에 약 90센티미터가량 너비 땅이었다. 사람에게는 얼마만큼의 땅이 필요한가? 땅에 묻힐 만큼이면 충분하다(자녀들이 잠자기 전에는 이 이야기를 절대 읽어 주지 마시길).

요점은 이렇다. 부를 얻기 위해 우리의 가장 소중한 에너지와 열정을 쓰면 결국엔 그것이 우리를 소유하게 된다. 우리 삶이 돈과 돈으로 얻을 수 있는 것들에 매몰되면 우리는 결국 돈을 섬기다 파멸에 이르고 만다. 우리 삶은 하나님을 향한 사랑 가득한 관심에 사로잡혀야 한다. 우리의 결정은 성령이 우리 안에 주시는 확신에 따라 인도되어야 한다. 우리의 윤리는 하나님 나라의 가치에 따라 형성되어야 한다.

주인 행세하는 돈에 대해 경고하시기에 앞서, 예수님은 우리 눈에 관해 말씀하신다. "눈은 몸의 등불이니 그러므로 네 눈이 성하면 온몸이 밝을 것이요 눈이 나쁘면 온몸이 어두울 것이니 그러므로 네게 있는 빛이 어두우면 그 어둠이 얼마나 더하겠느냐"(마 6:22-23).

이 말씀의 맥락은 불법 음란물이 아니다. 이는 만족할 줄 모르고 돈을 추구하는 행위를 가리킨다. 건전한 눈은 하나님이라는 우선순위에 고정되어 있고, 건전하지 않은 눈은 돈이라는 신의 우선순위에 고정되어 있다. 예수님은 당신이 흐린 눈이 아니라 맑은 눈으로 살기를 간절히 원하신다.

돈은 도덕적 판단을 흐리게 한다

예수님을 배신한 유다건, 탐욕으로 불황의 여건을 조성한 대기업이건, 돈은 판단을 흐리게 만든다. 동료 목사 한 분과 나누었던 대화가 생각난다. 그는 성경적인 기준에서 나오는 분명한 도덕적 시각으로 양극화된 쟁점에 대해 발언하는 능력이 있었고, 그 때문에 크게 유명해졌다. 모든 사람이 그의 예언자적인 목소리를 받아들이지는 않았지만, 크고 부유한 모임들에 초대되어 다양한 문제에 대해 설교하게 되었다. 그는 책 출판 계약을 맺고 나서 집을 샀다. 나중에 고백하기를, 자신이 잘못된 사람들의 심기를 건드려 주택담보대출금을 갚지 못할까 두려웠다고 한다.

내 친구 스티브도 신망받는 멘토에게서 들은 비슷한 이야기를 해 주었다. 스티브가 집을 사고 난 후, 그 멘토는 집을 사면 예언의 은사가 쉽게 사라져 버릴 수 있다고 경고했다. 왜일까? 권력 앞에서 진실을 말한다는 건 때로 돈이 주는 편안함이 위태로워진다는 뜻이다. 실은 매주 찾아오는 나만의 고민이기도 했다. 내가 재정적으로 힘들었을 때는 진실을 말하는 것에 아무 거리낌이 없었는데, 재정적으로 편안해지자 곤란한 말씀을 선포하는 데 주저하고 있음을 새롭게 발견했다.

돈이 삶의 목표가 되면 예수님께 순종하는 대신, 돈 때문에 진실을 말하지 않고 입에 발린 소리를 하거나, 혹은 해야 할 말을 삼키게 된다. 그러면 도덕적 신념은 하나님 나라 밖에 있는 권세의 영향을 받게 된다.

돈은 관계를 파괴한다

돈처럼 사람 사이를 갈라놓는 것도 없다. 돈이 드러내는 여러 스트레스 요인과 가치관의 차이를 부부가 제대로 다루지 못해서 결혼이 망가진다. 친구 사이에 돈거래가 생기면 우정을 영원히 바꿔 버릴 힘을 가진 미묘한 역학 관계가 생겨난다. 그리고 당연하게도, 돈은 사람들을 대하는 관점을 바꾸는 경향이 있어서 어떤 사람은 호의로 대하고 어떤 사람은 무시하게 된다.

1세기에 돈은 초기 교회의 증언을 훼손하는 계층적 엘리트주의 문화를 만들어 냈다. 사도 야고보가 쓴 다음의 중요한 말씀은 2,000년이 지난 지금도 여전히 필요하다.

> 내 형제들아 영광의 주 곧 우리 주 예수 그리스도에 대한 믿음을 너희가 가졌으니 사람을 차별하여 대하지 말라 만일 너희 회당에 금가락지를 끼고 아름다운 옷을 입은 사람이 들어오고 또 남루한 옷을 입은 가난한 사람이 들어올 때에 너희가 아름다운 옷을 입은 자를 눈여겨보고 말하되 여기 좋은 자리에 앉으소서 하고 또 가난한 자에게 말하되 너는

거기 서 있든지 내 발등상 아래에 앉으라 하면 너희끼리 서로 차별하며 악한 생각으로 판단하는 자가 되는 것이 아니냐.

°야고보서 2장 1-4절

예수님은 부를 기준으로 사람에게 가치를 부여하지 않는 인간 공동체를 세우러 오셨다. 그리스도 안에서, 그분의 죽음과 부활로 말미암아 어떤 사람은 가치 있고 어떤 사람은 가치 없다고 여기는 장벽이 사실상 무너졌다. 돈이라는 신은 높은 지위와 호의를 약속하며 오늘날도 여전히 번성하고 있지만 하나님은 우리에게 많은 방어책을 주셨다. 당신이 놀랄 만한 방어책 중 하나가 세례인데, 부라는 주제에서 동떨어진 듯 보일 수도 있다. 교회가 탄생한 이래로 세례는 믿는 자들을 연합하고 맘몬의 영향력을 물리치는 반문화적인 행위였다.

내가 스무 살에 세례를 받을 때, 우리 교회에서는 교회 로고가 새겨진 티셔츠를 주지 않았다. 대신에 긴 흰색 가운을 받았는데 고등학교를 다시 졸업하는 기분이었다. 그 세례 가운은 내가 예수님 안에서 순결하고 새롭게 되었음을 상징했다. 이에 나는 "아멘!"이라고 대답했다.

우리 교회에서 세례를 받은 사람들은 전부 똑같은 흰색 가운을 받았는데, 이는 세례가 단순히 개인의 경건 행위가 아니라 공동의 정체성을 만들어 낸다는 뜻이다. 세례를 받는 날 당신이 어떤 옷을 입고 있건 간에(비싼 양복이건 허름한 옷이건), 모든 사람이 똑같아 보이는 옷으로 바꿔 입는다. 이는 당신의 고유함을 없애려는 게 아니라 하나님 앞에 평등하게 서 있음을 기념하는 것이다. 이는 우리가 그리스도 안에서 모두 하나라는 영적 실재를 물리적으로 강화하는 것이다.

하나님을 섬기는 것은 어떤 사람에게는 가치를 부여하고 어떤 사람에게는 부여하지 않는 얄팍한 계층구조를 없애는 것이다. 맘몬을 섬기는 것은 은행 계좌, 집, 자동차, 업적을 기준으로 가치와 존엄성을 부여하는 것이다. 감사하게도 예수님은 훨씬 더 아름다운 곳으로 우리를 인도하신다.

문제는 이것이다. 우리가 삶의 이 영역에서 예수님 앞에 무릎 꿇는다는 것은 어떤 모습일까? 나는 세 가지를 제안한다. 후히 베푸는 습관, 단순함의 습관, 안식일을 지키는 습관이다.

I
후히 베푸는 습관

맘몬을 물리치는 주요한 방법 중 하나는 다른 사람들과 나누는 것이다. 그렇다고 돈을 모으거나 투자할 수 없다는 의미는 아니다. 다만, 다른 사람을 섬기기 위해 돈을 내어 줄 때마다 우리는 예수님의 길에서 또 한 걸음을 내딛는 셈이다. 달리 말하면, 베풂은 자기 잇속만 차리는 황무지 같은 넓은 길로 벗어나기를 거부한다는 선언이다.

예수님의 나라에서 중요한 진리가 여기 있다. 후하게 베푸는 일은 투자 수익 전략이 아니다. 수입을 두 배로 늘리려고 베푸는 것이 아니다. 하나님이 우리에게 은혜를 베푸셨고, 우리에게 이웃을 섬기라고 부르시기에 베푸는 것이다. 후하게 베푸는 행위가 단숨에 부자가 되는 지름길이라고 떠드는 수많은 번영 신학 교사들과 달리, 베풂은 하나님의 손을 조종하는 것이 아니라 우리 손을 펴는 행위다.

살면서 내가 가진 돈을 넉넉하게 베풀었더니 그 후로 재정적인 공급을 경험한 적도 있었고, 그러지 못했음에도 하나님이 여전히 복을 주신 적도 있었다. 후하게 베푸는 삶은 하나님의 은혜를 조종하는 것이 아니다. 그저 집착에서 벗어나 자유롭게 사는 것이다. 산상수훈에서 예수님이 말씀하시듯, 하나님은 "그 해를 악인과 선인에게 비추시며 비를 의로운 자와 불의한 자에게 내려 주"(마 5:45)신다. 다시 말하면, 우리의 선함이 하나님의 선하심을 강제하지 못한다. 하나님이 선하신 것은 그분이 선하시기 때문이다.

매 주일 우리 교회, 뉴라이프펠로십에서는 다음과 같은 기도문을 암송한다. 이 기도는 매주 우리에게 하나님의 공급하심과 맘몬의 기만성, 하나님 나라를 위해 소유를 관리하는 청지기의 의무를 상기시킨다. 기도는 다음과 같다.

> 아낌없이 베푸시는 하나님 아버지,
> 우리가 가진 것 중에 하나님이 주시지 않은 것이 없습니다.
> 하나님 나라의 길은 베풂의 길입니다.
> 우리가 가진 것으로 하나님께 영광을 돌리게 하시고
> 재물의 속임수에서 우리를 자유롭게 하시며
> 우리를 아낌없는 베풂의 길로 이끌어 주소서.
> 주여, 주님의 영광을 위해, 우리 삶의 풍요를 위해, 다른
> 이들을 위해 간구합니다. 아멘.[5]

이 기도문을 주의 깊게 암송할 때마다 나는 돈에 대한 새로운 관점을 얻는다. 솔직히 말해서 내게 이 관점이 필요한 이유는 충분히 갖지 못할까 봐 은근히 두렵기 때문이다. 당신도 공감하는가? 예수님은 이 점을 이해하시고, 감사하게도, 재물에 관한 이 부분을 말씀하신 직후에 걱정과 염려에 대해 가르치신다(이 내용은 다음 장에서 자세히 설명하겠다).

돈보다 더 큰 불안감을 불러일으키는 것은 드물다. 탐욕과 돈을 쌓아 두는 것은 이기심에 근거한다고 생각하기 쉽다. 하지만 많은 경우, 그것들은 사실 두려움의 증상이다. 사람들이 돈에 집착하는 것은 무일푼 신세가 될까 봐 두렵기 때문이

다. 어쩌면 당신은 재정적으로 어려운 가정에서 자랐을 수도 있고, 고통과 어려움을 겪었을 수도 있다. 이제 당신은 자원이 항상 고갈되기 일보 직전이라고 믿으며, 내면화된 희소성의 각본에 따라 살아간다. 마음속의 무언가가 자산을 포기하는 것은 빈곤으로 가는 지름길이라고 경고한다. 목사로서 나는, 크게 성공했지만 이민자 부모가 겪은 어려움 때문에 언젠가 자신도 모든 것을 잃을지 모른다는 커다란 두려움 속에서 살아가는 사람들과 허심탄회한 대화를 나눈 적이 있다.

사람마다 베푸는 모습이 다를지라도, 베풂은 좁은 길의 일부다. 예수님은 우리의 행복이 소유함이 아니라 내어 줌으로써 확보된다는 것을 깨닫기를 원하신다. 그분을 신뢰하라.

단순함의 습관

아내와 내가 신용카드 빚에서 벗어나는 데 집중하기로 결심한 것은 바로 단순함에 대한 훈련을 시작했기 때문이다. 우리는 감당할 수 있는 범위 내에서 살아야 한다는 걸 알고 있었는데, 그러려면 우리가 대수롭지 않게 여겼던 지출 방식을 그만두어야 했다. 또한 애초에 우리를 이 지경에 이르게 만든 몇 가지 물품들(특히나 비싼 가구들)을 없애야 했다.

결혼 당시 우리는 중고 가구밖에 살 돈이 없으면서 취향을 반영한 고급 가구를 원했다. 돈이 없다는 장애물도 우리 부부가 활짝 웃으며 카드를 긁는 걸 막지는 못했다. 짙은 갈색의 고상한 책상이 특히 기억난다. 물론 우리 집 월세보다 비쌌지만, 너무나 근사했기에 고민도 없이 바로 샀다(그리고 커피 테이블에다 선반까지). 레몬 향이 나는 가구 광택제로 이틀에 한 번씩은 꼬박꼬박 책상을 닦았고 그 덕에 책상은 언제나 윤기가 돌았다.

이후 빚더미에 짓눌리게 되자 아내와 나는 우리 삶을 단순하게 바꾸어야 한다는 것을 깨닫고, 필요 없는 가구를 팔기 시작했다. 우리가 가장 먼저 처분하기로 한 것이 내가 사랑한 그 책상이었는데 나는 그날을 절대 잊지 못할 것이다.

우리는 온라인 중고 거래 사이트에 접속해 책상 사진을 올렸다. 우리가 내놓은 가격에는 아무도 그 책상을 사지 않을 거라 확신했지만, 아아, 30분도 되지 않아 어떤 여성이 두 시간 내에 우리 아파트로 올 수 있다고 응답했다. 나는 슬퍼지기 시작했다.

개인 비서와 함께 도착한 그 여성은 우리에게 돈을 지불했고, 그 개인 비서는 **내** 소중한 고급 책상을 그 여성의 차로 옮기는 데 도움을 요청했다. 나는 아끼던 물건을 잃는 것도 모자라 그 무거운 물건을 들고 계단을 몇 층이나 내려가야 했다.

단순함이란 확실히 쉽지 않다.

단순함이란 그저 집 안에 잡동사니가 늘어나지 않게 하는 것이 아니라 근본적으로 우리 마음의 무질서를 줄이는 것이다. 예수님의 길을 최우선으로 하겠다는 맹세다. 예수님이 이 부분에서 **"보물"**과 **"마음"**이라는 단어를 쓰신 것도 그런 이유다. 예수님은 이렇게 말씀하신다.

> 너희를 위하여 보물을 땅에 쌓아 두지 말라 거기는 좀과 동록이 해하며 도둑이 구멍을 뚫고 도둑질하느니라 오직 너희를 위하여 보물을 하늘에 쌓아 두라 거기는 좀이나 동록이 해하지 못하며 도둑이 구멍을 뚫지도 못하고 도둑질도 못하느니라 네 보물 있는 그곳에는 네 마음도 있느니라.
> °마태복음 6장 19-21절

하늘에 보물을 쌓아 둔다는 것은 우리가 죽으면 마치 잭 스패로 선장의 전리품 은신처처럼 귀한 보석이 가득한 천국 창고에 특별히 접근할 수 있는 권한을 얻게 된다는 의미가 아니다. 오히려, 하나님을 기쁘시게 하고 물건을 쌓아 두지 않는 것이 우리를 움직이는 원동력이 되어야 한다는 뜻이다. 데일 브루너는 이렇게 말했다. "예수님은 하나님 아버지 앞에서 성공하는 것을 우리의 간절한 포부로 삼고, …… **그분**의 주목과 존경이라는 보상과 보물을 쌓으라고 조언하신다."[6]

단순함은 어렵지만 우리를 정화한다. 하나님의 자유를 얻기 위해 우리는 마음의 잡동사니를 내려놓아야 한다. 리처드 포스터(Richard Foster)는 저서 《영적 훈련과 성장》(*Celebration of Disciplines*)에서 단순함의 열 가지 측면에 대해 말했다.

1. 물건은 체면이 아니라 유용성을 보고 구매하라.
2. 중독을 일으키는 것은 무엇이든지 배격하라.
3. 물질을 나누어 주는 습관을 기르라.
4. 첨단 기기 업체들의 선전에 현혹되지 않도록 경계하라.
5. 물질을 소유하지 않고도 즐기는 법을 배우라.
6. 창조물에 대해 더 깊이 감사하는 마음을 가지라.
7. 모든 '선 구매 후 결제' 방식에 대해 건전한 회의감을 가지라.
8. 명료하고 정직한 말에 대한 예수님의 지시에 순종하라.
9. 다른 사람을 억압하는 것은 무엇이든지 거부하라.
10. 하나님 나라를 먼저 구하는 일에서 주의를 흐트러뜨리는 것은 무엇이든지 피하라.[7]

나는 이 목록을 내 성경 중 하나에 넣어 두고, 돈과 재물의 교묘한 유혹에서 내 마음을 자유롭게 지키기 위해 수시로 보며 되새긴다. 몇몇 가르침은 다른 것들보다 나에게 더 어렵지만(나는 참신하고 기발한 기기들을 정말 좋아한다), 나는 하나님이 내게 맡겨 주신 자원을 잘 관리하기 위한 여정 가운데 끊임없이 노력한다.

안식일을 지키는 습관

맘몬의 능력을 물리칠 마지막 방법을 언급하겠다. 바로 안식일을 지키는 것이다. 일(다른 말로 돈벌이)을 잠시 쉬는 습관은 돈이라는 신에 대한 엄청난 반란이다. 안식일은 일이라는 폭압에서 모두가 쉴 수 있는 환경을 조성한다.

나는 안식일 준수를 행복에만 초점을 맞춘 개인이나 가족의 실천으로 여기는 잘못을 저질렀다. 물론 그것이 안식일 준수의 주된 부분이기는 하다. 그렇지만 안식일은 휴식만큼이나 저항 행위이기도 하다. 사람들의 노동력을 착취하며 그들을 죽음에 몰아넣는 문화에 저항하는 것이다.

예수님을 따르는 우리는 단순히 빚을 줄이고 예산을 잘 세우고 후하게 베풀라는 부르심만 받지 않았다. 우리 주변 사람들이 물질주의, 소비주의, 자유분방한 자본주의로부터 해방될 수 있는 환경을 만들라는 요청도 받았다. 구약성경학자 월터 브루그만(Walter Brueggemann)은 이렇게 썼다.

> "맘몬"(자본, 부)의 길은 상품화의 길이다. 이 길은 안식 없는 끝없는 욕망, 끝없는 생산성, 그리고 끊임없는 불안정으로 이어진다. …… 이런 맥락에서 '신을 선택하는 것'은 불안과 평안 중 하나를 선택하는 것이다.[8]

우리가 안식일을 지키면 우리를 쉬지 못하게 하는 신(맘몬)이 아니라 안식을 주시는 하나님을 중심으로 살아가기로 선택하는 것이다. 이는 우리의 삶뿐만 아니라 우리의 보살핌과 지도 아래 있는 사람들의 삶에도 해당한다.

이것을 잊으면 안 된다. 안식일은 사회적 긍휼과 정의를 향한 움직임이다. 구약성경에서 하나님이 이스라엘 백성에게 안식하라고 명령하신 것은 (종과 가축을 비롯한) 공동체 전체를 포함한다. 안식일은 그들을 뼛속까지 무자비하게 혹사했던 바로의 영으로부터 이스라엘 백성을 보호하시는 하나님의 방법이다. 아이로니컬하게도 안식일이 없으면 이스라엘 백성은 억압적인 환경을 다시 만들고 싶은 유혹에 빠지게 된다. 오늘날 우리도 똑같은 유혹에 직면해 있다.

실제적인 의미에서, 안식일을 지킨다는 건 정의롭고 공평한 환경을 조성하고자 현명한 방법을 찾는다는 뜻이다. 이는 사람들에게 공정하게 대가를 지불한다는 의미다. 또한 우리 공동체 내의 경제적 착취(예를 들면, 오랜 거주민들을 밀어내는 도시의 무분별한 젠트리피케이션)에 저항한다는 뜻이다. 더 나아가 사람들이 빈곤의 짐에서 벗어나 자유로워질 수 있는 공간을 마련하는 것을 의미하기도 한다.

우리 교회에서 함께 사역하는 레드 세빌라(Redd Sevilla) 목사가 말했듯이, 성경은 '예수님은 가난한 자들을 사랑하시지만 가난 그 자체를 사랑하시지는 않는다'는 것을 분명히 한다. 안식일은 하나님이 모두를 위해 안식을 창조하셨음을 우리에게 일깨워 준다. 우리가 안식하지 못한다면, 우리가 여전히 바로의 손아귀 아래 있다는 의미다.

예수님은 돈이라는 신이 사람들에게 도움을 주거나 해를 끼치는 방식에 대한 더 깊은 대화에 나서라고 우리에게 도전하신다. 우리 교회 성도들은 평생 이웃으로 살아온 사람들을 쫓아내는 젠트리피케이션에 맞서기 위해 몇몇 동네 교회와 협력한다. 또한 꿈은 크지만 형편이 어려운 이들에게 종잣돈을 제공하는 프로그램을 만들었다.

돈의 영역에서 신실하게 예수님을 따른다는 건 개인적, 관계적, 기관적 차원에서 금융 습관 개선을 위해 씨름한다는 의미다. 당신 주변에 불우한 이웃은 어디에 있는가? 하나님은 그들을 돕도록 당신을 어떻게 부르시는가? 어떻게 하면 맘몬의 억압에 저항하고 예수님이 주시는 평안의 안식을 가져올 수 있는가? 단순히 기도함으로써만이 아니라(물론 그것도 중요하다) 당신의 시간, 재물, 재능을 통해서 말이다.

내 안의 맘몬 무너뜨리기

맘몬을 무너뜨리는 건 매우 힘든 싸움이다. 돈에 대해 공개적으로 이야기하는 것은 금기다. 리처드 포스터는 이렇게 강조했다. "심리 치료사들을 대상으로 환자들과 해서는 안 되는 일을 열거한 설문조사에서 환자에게 돈을 빌려주는 것이 접촉이나 입맞춤, 심지어 성관계보다 더 큰 금기로 밝혀졌다."[9]

돈에는 그런 힘이 있는데 당신에게는 더 큰 힘이 있다.

예수님의 복음은 맘몬의 명령에 귀 기울이지 않고 살아가게 해 준다. 복음은 하나님과 그 나라(해방과 가치의 진정한 의미를 재정의하는 나라)의 길을 위해 당신을 자유롭게 하는 능력이 있다. 넓은 길에서 돈이라는 신은 '진보'와 '성취'라는 이름으로 당신을 끝없이 불안하게 할 것이다. 좁은 길에서 당신은 하나님의 애정 어린 돌보심 가운데 편안하게 살 수 있다. 당신이 동경하는 삶이 이런 것 아닌가? 불안함보다 편안함을 갈망하고 있지 않은가? 예수님이 그것을 당신에게 주신다.

좁은 길에서 돈은 당신 삶에 대한 장악력을 잃기 시작한다. 하나님 나라의 목적을 위해 당신의 자산에 대한 통제권을 포기하고 그것을 내어 줄 때, 처음에는 엄청난 손실처럼 느껴질 수도 있다. 하지만 시간이 지나면서 그것이 당신과 다른 사람들에게 가져다주는 자유를 기뻐하게 된다. 돈이 당신을 사용하게 내버려두는 대신 당신이 선한 일에 돈을 사용하는 것은 짜릿한 삶의 방식이다.

하지만 돈에 대한 집착을 줄이는 것에 대해 생각하다 보면, 걱정과 염려가 마음속에 솟아날 수 있다. 다행스럽게도, 그것이 바로 예수님이 다음으로 말씀하시는 부분이므로, 그분을 따라가 보자.

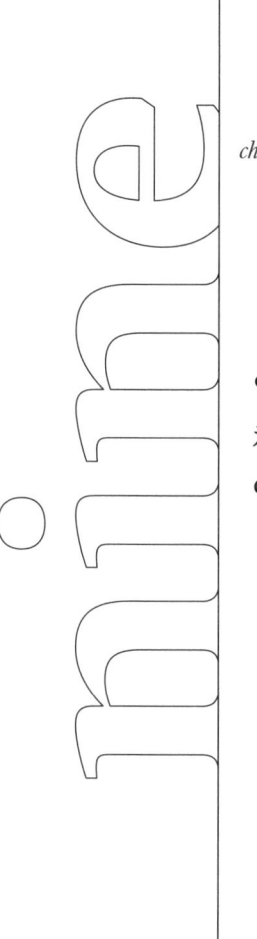

chapter 9.

염려의 짐 내려놓고,
채우시는
아버지 손을 붙잡다

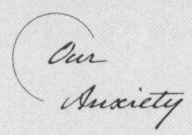

부모에게 걱정은 떼려야 뗄 수 없는 일이다. 처음 아버지가 되었을 때, 나는 이런 경험을 했다(괄호는 각 상황에 따른 내 속생각이다).

임신 사실을 알게 된다. ('만세!')
예정된 병원 진료를 받기 시작한다. ('모든 게 정상일까?')
출산 예정일이 다가온다. ('양수가 터졌는데 길이 막히면 어쩌지? 내가 직접 아이를 받아야 할지도 몰라.')
아기가 태어난다. ('이제 어떻게 해야 하지?')
아기가 자고 있다. ('아기가 숨은 계속 쉬고 있나?')
아기가 기어다니기 시작한다. ('모든 전기 콘센트에 어린이 보호 장치를 끼워야 해!')
우리 아이가 놀이터에 있는 다른 아이들처럼 또렷하게 말하지 못한다. ('오, 안 돼. 우리 아이에게 발달 문제가 있는 건가?')
육아 도우미가 온다. ('그냥 오늘 밤 데이트는 취소하자!')

이건 그저 아이가 생기고 첫 18개월 동안 벌어진 일에 불과하다! 몇 년이 지난 뒤에는 이런 식의 염려를 다 극복했다고 말할 수 있다면 좋으련만, 솔직히 말하면 여전히 나는 '걱정하지 않으려 애쓰는' 걱정쟁이(worrier) 아빠다. 한번은 어린 아들이 물었다. "아빠가 **전사**(warrior)라는 말이에요?" 아니, 걱정쟁이.

내가 애쓰고 있다고 말한 건 이 영역에서 나름 전진이 있다는 것을 기념하기 위해서다. 하지만 걱정은 언제든 '뉴욕 시간으로 1초'(이 표현에 익숙하지 않은 독자들을 위해 설명하자면, 신호등이 파란불로 바뀌고 뒤에 있는 택시가 경적을 울릴 때까지의 시간을 말한다) 만에도 나타날 수 있다.

걱정 혹은 불안(앞으로 이 둘을 혼용해서 쓰겠다)으로 세상이 돌아간다. 그것은 대부분의 상거래와 의사 결정의 추진력이면서, 온갖 뉴스 매체와 기업의 수익원이 된다. 고인이 된 언론인 에릭 세바레이드(Eric Sevaried)의 말을 빌리면, "미국에서 가장 큰 사업은 철강이나 자동차, 방송이 아니다. 불안을 제조하고 정제하여 보급하는 사업이다."[1]

걱정과의 싸움은 만국 공통이다. 우리는 갖가지 청구서는 물론 건강, 자녀들, 일, 인간관계, 안전, 미래, 기타 등등에 대해 걱정한다. 불안에 대한 우려는 지속적으로 급증하고 있다. 미국 심리학회는 2022년 한 보고서에서 다음과 같은 충격적인 뉴스를 자세히 다루었다.

> 성인 10명 중 약 7명(72%)은 스트레스로 인해 건강상의 영향을 받은 적이 있다. 여기에는 압도되는 느낌이 들거나(33%), 수면 습관에 변화가 생기거나(32%), 끊임없이 걱정하는 것(30%) 등이 포함된다.[2]

성인 세 명 중 한 명은 습관적으로 불안한 상태다. 다행인 건 예수님이 도와주신다는 것이다. 앞서 다룬 돈(맘몬)과 걱정이라는 주제는 각기 다른 단락이지만 예수님은 그 둘이 어떻게 연결되어 있는지 보여 주고자 하신다. 맘몬을 중심으로 하는 삶은 언제나 걱정으로 이어진다. 걱정은 근근이 살아가는 사람들만의 전유물이 아니다. 차고 넘치도록 가진 사람들에게도 걱정은 힘겨운 싸움이다. 실제로, 겨우겨우 살아가는 사람보다 잃을 게 더 많은 사람이 더 많이 걱정할지도 모른다.

이런 불안한 분위기에 예수님은 이렇게 말씀하신다. "목숨을 위하여 무엇을 먹을까 무엇을 마실까 몸을 위하여 무엇을 입을까 염려하지 말라"(마 6:25).

예수님은 그분을 따르는 이들에게 염려하지 말라고 가르치시면서 우리 삶을 지배하려는 '만약'이라는 끝없는 순환고리를 끊으신다. 걱정과 불안은 인간으로서 **느끼는** 정상적인 상태다. 하지만 걱정과 불안을 **키우면** 속박되고 만다. 우리는 이런 식으로 속박을 당하는 존재로 지어지지 않았다. 그럼에도 불구하고 이 구속에서 벗어나기란 여간 어려운 일이 아니다.

2013년 가을, 목 한쪽이 아프고 턱밑샘이 부어올라 잠에서 깼다. 뭔가에 감염된 것 같았다. 며칠 사이에 온몸의 임파선이 부어올랐고 그중 두어 개는 탁구공보다 조금 작은 크기였다. 식은땀을 흘리기 시작했고 식욕을 잃었으며 몸이 무거워졌다. 병원에 가서 검사를 받아도 결정적인 원인을 못 찾았다. **진짜** 걱정은 그때부터였다.

잘못될 **수도 있는** 모든 상황을 여러 날 조용히 깊이 생각했다. 수많은 밤을 뜬눈으로 보냈고, 성경을 펼칠 힘도 없었다. 그러고서 몇 주 뒤, 임파선 결핵 진단을 받았다. 그때를 돌이켜 보면 내면의 걱정이라는 괴물에게 먹이를 주는 게 얼마나 쉬운지 깨닫게 된다. 내 염려는 타당했지만, 나는 그 누구도 개입할 여지를 주지 않은 채, 내가 활용할 수 있는 영적, 정서적, 관계적 자원을 모조리 거부했다.

잠재적인 문제들을 지나치게 곱씹는 행위가 많은 이의 삶을 옥죄고 질식시킨다는 것을 예수님은 알고 계신다. 예수님은 당신의 세계를 아신다. 그 모든 책임감과 걱정, 두려움과 희망까지도. 그리고 그곳에 신선한 산소를 불어넣어 주려 하신다. 다시 숨을 쉴 준비가 되었는가? 예수님의 말씀에 함께 귀 기울여 보자.

일상의 현실적 필요들

예수님은 인간 삶에서 먹고, 마시고, 옷 입는 세 영역을 강조하신다. 삶의 이런 측면을 살펴보는 것도 가치 있지만, 예수님은 이를 일상의 평범함을 나타내는 상징으로써 사용하신 것 같다. 그분은 우리를 가장 염려하게 만드는 일상의 현실, 즉 삶을 영위하는 데 필요한 것들을 강조하신다. 그런데 놀랍게도, 예수님은 이런 것들이 삶의 전부가 **아니라고** 말씀하신다.

"목숨이 음식보다 중하지 아니하며 몸이 의복보다 중하지 아니하냐"(마 6:25). 처음에 이 말씀을 읽었을 때는 그분 말투가 (가난한 자들의 곤경을 대수롭지 않게 여기는) 경멸조로 들렸다. 다음 끼니가 어디서 나올지 걱정하는 이들에게는 그런 유의 걱정을 대수롭지 않게 여기는 배부른 자들의 목소리가 냉정하게 들릴 수 있다. 나는 기본적인 필요를 충족하기 위해 애쓰는 사람들의 고통을 무시하려는 게 아니다.

하지만 우리가 지금 이야기하는 분은 예수님이다. 예수님의 삶과 가르침 전체를 보았을 때, 그분은 가난한 자들의 곤경을 **절대로** 무시하지 **않으실** 것이 분명하다. 오히려 소유를 지향하는 삶이 불안한 삶이라고 분명히 말씀하신다. 주기도문에서 일용할 양식에 대해 말씀하셨듯이, 예수님은 그분을 따르는 이들을 근심 없고 만족스러운 삶으로 부르신다. 예수님은 먹을 것, 마실 것, 입을 것이 중요하지 않다는 게 아니라, 그것들이 **궁극적인** 것은 아니라고 말씀하신 것이다.

걱정 없는 삶

최고의 스승이신 예수님은 그분의 주장을 입증하시기 위해 청중에게 하늘을 보라고 하신다. 예수님은 그분을 따르는 사람들에게 새들의 일상 습관을 본받는 걱정 없는 존재가 되라고 요청하신다. 걱정과 불안 대신에 태평한 영성이 예수님의 지배와 통치 아래 사는 사람들의 특징이어야 한다.

많은 사람이 "태평하다"라는 말을 부정적으로 받아들인다. 이 말은 부주의하고 무책임하게 들린다. 뜬구름 잡는 사람의 모습을 떠올리게 한다. 또는 소위 어른 노릇의 고단함을 꺼리는 사람들이 보이는 순진한 어린아이 같은 느낌을 준다. 하지만 아무 걱정 없는 어린아이들의 방식이 실제로는 예수님을 따르는 것의 **핵심**이라면? 걱정하지 않으면서도 책임감 있게 사는 것이 정말 가능하다면? 어떻게 하면 그 경지에 도달할 수 있을까?

이 책을 쓰는 동안 우리 집 지하실 배관에서 물이 새 나와 보일러에 문제가 생겼다. 겨울이라 날씨는 점점 추워지는데 수리하려면 어지간히 큰돈이 들어갈 것이다. 그래도 여전히 나는 예수님의 이 가르침을 의지한다. 문제를 파악하고 해결책을 찾아야 하지만, 아내와 나는 이 일을 하나님 아버지께 맡길 수 있는 은혜를 구하고 있다. 내가 무엇을 하지 않거나 제안하지 않는지 주목해 보라. 나는 문제를 외면하지도, 저절로 해결되리라고 믿지도 않으며, 그 문제가 우리 가정에 불러온 좌절과 염려를 피하지도 않는다. 단지 나는 하나님의 공급하심을 신뢰하며 내 모든 염려를 하나님께 맡길 뿐이다.

예수님은 우리에게 새를 본받으라고 하신다. 새를 관찰한 적이 있는가? 새들은 이리저리 날아다니다 지붕 위에 앉아 일용할 양식을 찾는다. 내일 일에 불안하게 조바심 내지 않는다. 당신은 새들은 뇌가 작아서 조바심을 내고 걱정할 능력이 없다고 생각할지 모른다. 그러나 어쩌면 그것이 예수님 말씀의 요점일 수도 있다. 하나님의 공급하심 아래 살면 걱정의 힘이 약해진다. 어쩌면 우리가 **지나치게 많이** 알아서 걱정하는 것일 수 있다. 참새들은 어쩌면 진정으로 중요한 것을 알고 있는지도 모른다.

예수님은 한 걸음 더 나아가서 들에 핀 꽃들을 살펴보라고 말씀하신다. 새들은 당황하지 않고 적극적으로 양식을 구하지만, 꽃들은 그저 서 있을 뿐이다. 아름다운 자연의 옷을 입을 수 있을지 걱정하며 밤잠을 설치지 않고, 그저 거기에 존재할 뿐이다. 하나님은 들판을 아름답고 풍성한 꽃으로 장식하시면서, 꽃들을 옷 입히듯 우리도 입히시겠다고 우리를 일깨우신다.

우리는 염려를 내려놓을 수 있다. 애쓰기를 멈출 수 있다. 예수님은 그분의 공급하심을 떠올릴 만한 것들을 우리 가까이(공중과 들판)에 두셨다. 그러므로 문제는 이것이다. 우리는 주의를 기울이고 있는가?

만족

넓은 길에는 하나님의 신실함에서 우리를 멀어지게 하는 것이 너무 많다. 예수님은 이 길을 설명하시며 이방인들(여기서는 하나님 나라의 은혜로운 통치 아래 살지 않는 사람들)은 끊임없이 물질적인 것들을 좇는다고 말씀하신다(마 6:32 참고). 그들은 소유물에 사로잡혀 있다. 물건에 집착한다. 목표를 이루지 못할까 불안해한다. 이런 것들에 대한 추구가 삶을 지배한다. 예수님 보시기에 이는 비극적인 존재 방식이다.

많은 사람의 마음에 가득한 걱정은 단순히 궁핍한 시기에 우리에게 없는 것뿐만 아니라 풍족한 순간에도 우리가 갖지 못한 것에 집중한다. (좋은 시절에는) 만족감이 찾아오리라고 생각하기 쉽지만 막상 그렇지 않다.

예를 들면, 나는 내 세 번째 차를 엄청나게 사랑했던 기억이 있다. 첫 차였던 올즈모빌의 로얄은 삼촌에게서 샀는데(물론, '조카 할인' 같은 건 없었다), 운전을 할 때마다 마치 탱크를 모는 것 같았다. 결국 3개월 후 그 차는 내 눈앞에서 수명을 다했다. 두 번째 차는 교회의 한 형제에게서 구입한 1988년식 닛산 센트라였는데(역시나 '주 안에서의 한 형제 할인'은 없었다), 그 차를 운전할 때마다 장난감 자동차를 모는 기분이었다. 4개월 후에 이 차도 폐차의 운명을 맞았다.

세 번째는 돈을 좀 모아서 1995년식 닛산 알티마를 구입했다. 차가 무척 마음에 들어서 같이 사진도 많이 찍었다. 타이어가 광이 나도록 닦았고, 신나서 백미러에 비친 내 모습을 보며 윙크도 했다. 그야말로 하나님의 공급하심을 만끽했다. 모든 게 좋았다. 친구가 모는 재규어를 보기 전까지는 말이다. 갑자기 내 탐심이 지위와 성공을 갈망하게 되었다. 나도 재규어를 원했다! 이런 예는 내 삶에서 수많은 다른 방식으로 나타났다.

더 많이 얻으려는 끝없는 노력은 우리 몸에 불안을 불러온다. 오직 좁은 길에서만 찾아볼 수 있는 대안이 있으니, 바로 '만족'이다. 만족은 더 많이 가져야 더 특별해진다는 거짓으로부터 자유로워지는 것을 뜻한다. 더 많은 것이 돈이건, 집이건,

직함이건, 소셜 미디어 팔로워건, 힘이건 간에 예수님은 우리가 소유한 물건이 우리를 소유하지 않는 초연한 삶으로 우리를 초대하신다. 그렇다고 반드시 모든 소유를 몰수당해야 한다는 의미는 아니지만, (소유물이 왔다가 사라져도 기뻐하거나 우울해하지 않는) 소유물에 대한 여유로운 무관심을 길러야 한다는 의미임은 **확실하다.**

어떻게 이러한 삶을 살 수 있을까? 예수님은 따라야 할 공식을 별도로 주시지는 않았다(여기에 열 가지 성공 방법 같은 건 없다). 그 대신 그분은 하나님을 바라보는 새로운 방법을 우리에게 보여 주신다.

하나님에 대한 잘못된 이미지

우리 머릿속에 자리한 하나님에 대한 이미지가 우리가 영혼에서 느끼는 걱정의 정도를 결정한다. 하나님이 우리와 함께하시고 우리를 위하신다는 이 진리 안에 살지 않으면 제아무리 눈에 띄고 혁신적인 도구나 일련의 방법도 우리를 걱정에서 벗어나게 하지는 못한다.

앞 문장을 다시 읽어 보기 바란다. 이 내용은 예수님의 삶과 가르침에서 가장 중요한 부분 중 하나다. 예수님은 우리가 하나님을 긍휼하시고, 온전히 존재하시며, 자기 자녀들을 돌보시는 분, 즉 "아바"(아버지)로 생각하기를 원하신다.

나는 토요일 아침에 팬케이크를 자주 만든다. 하나하나 직접 재료를 준비해 요리한 맛있는 팬케이크를 우리 가족은 무척 좋아한다! 아이들은 내가 일일이 셀 수 없을 만큼 많이 먹는다. 마치 팬케이크가 끝도 없이 나온다고 믿는 것 같다. 아빠가 넉넉히 만들어 주리라는 우리 아이들의 믿음은 **자녀**들을 위해 팬케이크 만든 경험을 이야기했던 리처드 포스터의 말을 떠올리게 한다.

> 나는 아이들이 "아빠가 어떤 분인지 모르니 내일도 확실히 팬케이크를 먹을 수 있게 조금 숨겨 둬야겠어"라고 생각하며 주머니에 팬케이크를 챙기는 모습을 단 한 번도 본 적이 없다. 아이들이 아는 한, 팬케이크 저장고는 무한했다. …… 아이들은 요청만 하면 …… 받을 수 있었다. 아이들은 신뢰 가운데 살았다.[3]

하나님 나라 선언문의 이 부분에서 예수님은 우리가 하나님에 대한 중요한 사실, 곧 하나님이 신뢰할 만한 분임을 알려 주신다. 이는 우리가 몇 번이고 다시 들어야 할 진리다. 하나님 아버지는 우리를 향한 사랑과 긍휼을 끝없이 공급하신다. 나는 금전적으로 풍족하게 자라지 못했기에 하나님의 자원이 고갈되리라 믿으며 쉽게 걱정에 빠지곤 한다. 그러나 격려하시는 예수님의 말씀을 들어 보라.

하나님은 당신에게 무한한 선을 베푸신다. 하나님의 공급하심에 대한 숨이 멎을 만큼 멋진 진리를 몇 가지 이야기해 보자. 첫째, 성경은 **하나님의 후하심이 모든 이에게 미친다**고 말한다. "하나님이 그 해를 악인**과** 선인에게 비추시며"(마 5:45). 하나님은 탕자와 독선적인 아들 모두에게 동일한 사랑을 아낌없이 부어 주시는, 자비롭고 용서하시는 아버지시다. 하나님이 어떤 분이신지를 예수님은 자신의 삶으로 보여 주셨다. 예수님을 바라볼 때, 우리는 아버지 하나님을 보게 된다. 예수님은 하나님 마음에 가득한 보살핌과 관심을 이 세상이 확실히 알기 원하신다.

둘째, 지식과 능력이 무한하신 하나님은 창조 세계의 세세한 부분까지 보살피신다. 냉정하게 우주를 바라만 보시지 않고, 창조주 하나님은 사랑으로 돌보신다. 우주적 관점으로 보면 하찮은 작은 새들마저도 하늘 아버지께서 먹이신다(마 6:26 참고). 보이지 않는 하나님의 크신 손을 펴사 새들을 먹이신다. 공급하시는 하나님이 모든 풀잎, 꽃잎 하나하나 손수 만드시고 돌보신다. 새와 꽃들에게 그러하시듯, 하나님은 우리 삶도 주관하신다. 사실 하나님은 우리 인간에게는 **훨씬 더 깊**

이 관여하신다.

당신이 간직한 하나님에 대한 잘못된 이미지, 하나님의 공급하심을 부정하는 이미지가 있는가? 기억하라. 하나님은 공급하기를 **즐거워하신다!** 예수님의 산상수훈을 통해 성령은 우리의 현실을 왜곡하는 하나님에 대한 잘못된 이미지를 치유하실 수 있다.

나는 작가 브레넌 매닝(Brennan Manning)의 다음 표현을 정말 좋아한다.

> 성령은 환상의 가면을 벗기고 성상과 우상을 부수시는 위대한 분이다. 우리를 향한 하나님의 사랑이 너무나도 커서 우리가 얼마만큼 잘못된 형상에 매달려 있든 그것에 안주하는 걸 허락하지 않으신다. 그런 거짓을 벗었을 때 우리가 얼마나 적나라하게 벌거벗게 되는지도 개의치 않으신다. 벌거벗은 채로 진리 안에 사는 것이, 옷을 입고 환상 속에 사는 것보다 낫기 때문이다.[4]

예수님이 가르치고 구현하신 것과 일치하지 않는 하나님의 이미지를 마음속에 품는 것이 어떤 것인지 나는 잘 안다. 어린 시절, 우리 교회 중고등부 목사님은 사람들에게 힘든 일이 닥치는 **이유**를 분별하는 기이한 능력(그렇게 부르길 원한다면)

이 있었다. 그 목사님의 방법은 매우 간단했다. 누군가에게 좋지 않은 일이 생기면 하나님의 심판이 임한 거라고 주장했다. 교회의 한 형제가 몸이 아프면 이 '예언자 같은' 목사님은 이렇게 설명하곤 했다. "네가 교회에 오지 않으니 그런 일이 생기는 거다." 나는 죄를 지으면 하나님이 내게서 등을 돌리시고, 나를 벌하시고 짓누르실 거라는 편집증에 걸렸다.

우리가 품는 이미지는 무의식 깊은 곳에 살아 있다. 사실 나는 뜻밖의 방법으로 그것들을 발견했다. 두 살배기 아들이 열성 경련으로 병원에 입원했을 때, 맨 처음 이런 생각이 들었다. '내가 기도를 많이 안 해서 우리 아들이 아픈 거야.' 물론 이게 사실이 아님을 나는 안다. 하지만 벌주시는 하나님의 이미지가 저장되어 있다가 심한 스트레스를 받을 때 드러났다. 임파선에 이상한 결핵이 생겼을 때, 나는 그 병이 하나님이 내리시는 형벌은 아닐까 생각했다.

그런 이미지와 이야기를 의식적으로 되새기지는 않지만, 그것들은 내 안에 살아 있다. 아주 깊이. 하지만 영성 형성과 제자 훈련으로 우리 신학에서 이런 거짓말들을 뿌리 뽑을 수 있다. 당신은 어쩌면 당신에 대한 하나님의 태도에 걱정과 불안을 느낄지도 모른다. 나도 오랫동안 그랬다. 느리지만 확실히 깨달은 것은, 예수님은 걱정거리를 만들지 않으시며, 오히려 그것을 제거하신다. 예수님은 당신에게도 똑같이 하시기를 원하신다.

예수님은 당신이 그분을 공포의 존재가 아닌 온유한 분으로, 변덕스러운 분이 아닌 사랑의 십자가를 지신 분으로, 정죄하시는 분이 아닌 긍휼을 베푸시는 분으로, 냉담한 분이 아닌 세심한 분으로 알기를 바라신다. 어쩌면 당신은 오랜 세월 불안감을 유발하는 하나님의 이미지를 생각하며 살아왔을지도 모르겠다. 부디 예수님과 그분의 온유하심을 바라보라. 당신은 오늘부터 하나님을 바라보는 새로운 여정을 시작할 수 있다. 당신을 향한 하나님의 사랑은 변함이 없으며 지칠 줄 모른다.

걱정은 시간을 훔쳐 간다. 예수님은 말씀하신다. "너희 중에 누가 염려함으로 그 키를 한 자라도 더할 수 있겠느냐"(마 6:27). 해석: 걱정일랑 그만하고 이제 즐기라.

걱정이 많을수록 시간은 줄어든다. 예수님은 단순히 걱정을 멈추라고 말씀하시지 않고, 대신 하나님 나라를 구하라고 가르치신다.

먼저 그의 나라를 구하라

예수님은 "너희는 먼저 그의 나라와 그의 의를 구하라 그리하면 이 모든 것을 너희에게 더하시리라"(마 6:33)라고 말씀하신다. "그의 나라"를 구한다는 건 무슨 뜻일까? 그리고 그 나라를 추구하면 어떻게 걱정 없이 살게 되는 것일까?

나는 많은 이들이 이 말씀을 다음과 같은 권면으로 해석하는 걸 들었다. **하나님을 최우선에 두면 나머지 일은 자연스럽게 해결될 것이다.** 언뜻 근사하게 들리지만, 실제로는 대개 더 많이 기도하고, 교회에 출석하고, 성경을 읽으라는(내가 사람들에게 매주 하라고 권면하는 것들) 의미다.

사람들이 "하나님을 최우선에 두고 있어요"라고 말할 때면 나는 종종 움찔하곤 한다. 그 말은 우리 삶을 형성하는 더 큰 체계는 점검하지 않은 채 외적이고 영적인 일들을 한다는 의미일 때가 많기 때문이다. 나는 "하나님을 최우선으로 두면서" 인종차별주의자가 될 수 있고, "하나님을 최우선으로 두면서" 탐욕에 굴복할 수 있으며, "하나님을 최우선으로 두면서" 성공에 대한 세속적인 이해를 받아들일 수 있음을 알게 되었다. 분명히 말하지만, 이는 예수님의 뜻이 아니다.

나는 산상수훈에서 예수님의 가르침 전체를 깊이 묵상하면서, 그분이 말씀하시려는 바를 점점 더 이해하게 되었다. 하나님 나라를 먼저 구한다는 것은 우리의 가치 체계가 완전히 변화되거나, 적어도 거기에 의문을 품는 것을 의미한다. 이는 하나님을 새로운 시각으로 바라보는 것이며, 그 시각의 특징은 자비로운 돌봄이다.

자기 소유를 비축해야 할 물질로 보지 않고, 다른 사람들을 축복하기 위해 나누고 관리해야 할 은사로 여기는 새로운 렌즈로 바라본다는 의미다. 또 우리 자신을 얼굴도 이름도 없는 대상이 아닌, 사랑받는 자녀로 여기는 새로운 관점으로 우리 삶을 바라본다는 의미이기도 하다.

하나님 나라를 구하는 한 가지 방법은, 좋은 삶을 추구한다면서 정작 우리가 어떤 식으로 다른 왕국이나 전략을 좇고 있는지 파악하는 것이다. 예를 들면, 아내와 나는 매달 가정 재무 회의(돈이 가진 온갖 복잡하고 민감한 문제들 때문에, 가장 힘든 회의다)를 할 때 기도로 시작한다. 우리는 성령께 우리 가족과 문화가 우리 안에 심어 놓은 잘못된 가치관에 물들지 않도록 지켜 달라고 간구한다. 우리 앞에 놓인 모든 필요, 지불해야 할 청구서, 우리가 가진 바람을 바라볼 때, 조심하지 않으면 금세 나쁜 습관에 젖게 된다. 경솔하게 돈을 쓰기 시작한다. 두려워서 후히 베푸는 마음을 억누른다. 하지만 우리가 뒤로 물러서 기도하고 서로 소통하면 하나님의 임재가 우리를 인도하시고 안심시켜 주신다.

우리가 하나님의 세계와 방식 안에 자리 잡으면, 걱정이 더 이상 우리 영혼을 옥죄지 못한다. 그리고 우리는 이미 우리에게 주어진 하나님의 선물들을 분별하기 시작한다. 두 손을 펴면, 강하고 사랑스러운 하나님 아버지의 팔이 우리를 붙잡아 들어 올리심을 알 수 있다. 사랑받는 작가 헨리 나우웬(Henri Nouwen)의 글은 내가 이 이미지를 이해하는 데 도움을 주었다.

어느 날, 나우웬이 영성에 대해 무엇을 배울 수 있을지 알아보기 위해 서커스를 찾아가 곡예사들과 시간을 보내던 중 공중그네 곡예사와 대화를 나누게 되었다. 나우웬은 어떻게 그들이 위험한 묘기를 그토록 잘 해내는지 궁금했다. 그 대화는 다음과 같다.

"저는 공중 날기를 할 때 저를 잡아 주는 사람을 완전히 믿습니다. 대중은 나를 대단한 스타라고 생각할지 모르지만, 진짜 스타는 나를 잡아 주는 조입니다. 그는 1초의 몇 분의 몇까지 맞힐 만큼 정확하게 내가 갈 자리에 와 있어야 하고, 내가 그네에서 길게 점프할 때 공중에서 나를 잡아채야 하니까요."

"그게 어떻게 가능하죠?" 나우웬이 묻자 그가 대답했다.

"공중을 나는 사람은 아무것도 하지 않습니다. 잡아 주는 사람이 모든 것을 하지요. 이것이 공중 날기의 비밀이에요. 조에게 날아갈 때 저는 그저 팔하고 손만 뻗으면 돼요. 그다음엔 조가 나를 잡아 앞 무대로 안전하게 끌어가기를 기다리면 되지요."

"정말 당신은 아무것도 안 하는군요!" 나우웬이 깜짝 놀라며 말했다. "아무것도요." 로드레이가 되풀이해 말했다. ……
"나는 사람은 날기만 하고, 붙잡아 주는 사람은 붙잡기만 해야 합니다. 나는 사람은 붙잡아 줄 사람이 자기를 위해 제자리에 와 있다는 걸 믿고 팔을 뻗어야 합니다."[5]

예수님은 하나님 아버지가 우리를 붙잡아 주시는 분이라고 알려 주신다. 공급하시는 아버지의 손길 안에서 우리 삶은 안전하다. 하지만 그보다 먼저 우리는 하나님 나라와 반대되는 세속적인 가치관을 내려놓아야 한다.

세상의 가치 체계를 내려놓는 일은 불안하다. 예수님과 그분의 나라를 중심으로 우리 삶의 방향을 설정하는 것이 비현실적으로 느껴질 수도 있다. 하지만 우리가 하는 걱정의 대부분이 행복과 성공에 대한 세상의 정의에 매달린 결과는 아닐까? 그렇다면 다음과 같은 질문을 해 보고 싶다.

* 누가 혹은 무엇이 당신 삶의 중요한 것, 즉 진정한 가치와 의미를 형성하는가?
* 지금과 같은 시기에 당신이 하나님 나라를 구하는 데 도움을 주는 구체적인 활동, 결정, 태도, 습관은 무엇인가? 가능한 한 구체적으로 설명하라.
* 당신은 어떤 면에서 하나님 나라보다 세상을

우선시하는가?

예수님은 하나님의 공급하심 가운데 편안하고 확신 있게 살 수 있는 좁은 길로 당신을 초대하신다. 그곳은 육체적 필요뿐만 아니라 더욱 심오한 영적인 공급 또한 가능하다. 하나님의 은혜는 당신이 하나님이 주신 선물에 기뻐하며 만족하는 하나님 자녀로 살아가도록 만들어 준다. 성령은 당신이 너그럽게, 즉 욕심부리거나 비교하지 않고, 하나님의 보살핌 아래 감사하며 살아가게 하신다. 공중에 나는 새들에게 그러하시듯, 하나님은 그분과 함께하는 걱정 없고 여유로운 삶으로 우리를 초대하신다. 그곳보다 더 좋은 곳은 없다.

chapter 10.

판단의 칼날을
거두고
내 마음을 살피다

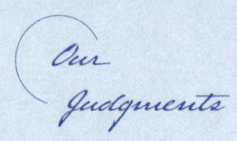
Our Judgments

인간은 판단하는 존재다. 그래서 우리가 〈아메리칸 아이돌〉(American Idol) 같은 오디션 프로그램을 좋아하는 게 아닌가? 아니면, 나만 그런지도 모르겠다. 내가 이런 경연 프로그램을 즐겨 시청한 이유는 그 프로그램이 우리 집이라는 사적인 공간에서 다른 사람들을 세심하게 살필 기회를 제공하기 때문이다. 심사위원석에 앉을 기회. 문자 투표로 다음 라운드에 진출할 자격이 있는 사람을 결정할 기회(나도 한 번 해 보았다).

그러나 판단은 경연 프로그램에서만 드러나지 않는다. 매일의 일상에서도 흔하게 반복적으로 일어난다. 뉴욕에 사는 사람답게 나는 평행주차에는 자신이 있다. 주차 공간에 차량 각도를 맞추느라 낑낑대는 사람들을 보면 나는 한숨을 쉬며 고개를 젓는다.

판단할 때, 우리는 스스로를 유리한 위치에 두고 자신을 떠받들어 줄 만한 모든 강점을 찾으려 한다. 혹은 우리가 판단하는 이유는, 그렇게 했을 때 우리에게 힘이 있다고 느끼기 때문인지도 모른다. 아무도 우리의 우월함을 인정하지 않더라도 말이다. 우리가 섣부르게 남을 판단할 때, 이는 예수님을 따르는 제자로서 우리가 아직 미숙하거나 채워야 할 부분이 있음을 드러낸다.

그레고리 보이드(Gregory Boyd)는 그의 저서 *Repenting of Religion*(종교의 회개)에서 어느 토요일 오후 쇼핑몰에서 콜라를 마시며 사람들을 관찰한 이야기를 들려준다. 그는 자신이 아무렇지 않게 다른 사람들을 판단하는 경향이 있다고 말했다.

> 어떤 사람들은 예쁘고, 어떤 사람들은 그렇지 않다는 걸 알게 된다. 날씬한 사람이 있는가 하면, 비만인 사람도 있다. 입고 있는 옷과 표정, 배우자나 친구, 자녀와 교감하는 방식에 따라 어떤 사람은 '경건하다'라고, 어떤 사람은 '경건하지 않다'라고 결론 내린다. 자녀를 다정하게 대하는 사람들을 보면 마음이 따뜻해지지만, 어떤 사람들을 보면서는 화가 나거나 역겨워진다.
>
> 그러다 갑자기 **내가 이 모든 걸 의식하고 있음**을 의식하게 된다. 잠시 성찰한 후, 다른 사람을 판단하면서 기분이 좋다는 걸 깨달았다. …… 남을 판단하고 싶어 하는 내 욕구를 어느 정도 충족시켜 주었기 때문이다. …… 나는 판결 내리는 사람이 되는 걸 즐긴다. …… 예쁘다, 못생겼다, 몸매가 좋다,

뚱뚱하다, 경건하다, 경건하지 않다, 역겹다, 귀엽다 등등.
이러한 통찰과 함께 또 다른 생각이 떠올랐는데, 그건 분명
성령이 주셨다고 확신한다. 어디를 가든 우리의 첫 번째
의무는 사람들을 축복하는 것이라고 하셨던 예수님의
가르침이 떠올랐다. ……
그래서 나는 멈췄다. 그날 오후 쇼핑몰에서 내가 본 모든
사람에 대해 한 가지 생각, 오로지 한 가지 생각만 하기로
결심했다. 하나님이 각자 독특하게 창조하신 그들을 사랑하고
축복하기로 했다. 예수님이 그들을 위해 죽으셨기에 그들
모두가 무한한 가치를 지닌다.[1]

당신은 어떤지 모르겠지만, 나는 비슷한 경험을 한 적이 있다. 섣불리 판단하여 비판했으며, 속으로 다른 사람들을 재빠르게 비난했다.

내가 소셜 미디어에 올린 글에 누군가 반박하면 호기심보다 판단하는 마음이 먼저 앞선다. 지방선거나 총선 기간에 동네에서 차를 몰다가 어느 집 정원에서 특정 후보를 지지하는 팻말을 보면 고개를 젓고 눈을 흘긴다. 자녀를 달래거나 통제하지 못하는 부모들을 보면 그들의 양육 방식에 대해 성급하게 판단한다.

다른 사람들에 대해 자세히 알기는커녕 이름조차 모르면

서 어찌나 빠르게 그들을 자기 기준으로 판단하는지 놀라울 따름이다. 상대방의 속마음을 알지도 못하면서 지레짐작이 완전한 비판으로 확장되는 것은 참으로 비극이다.

스마트폰과 소셜 미디어가 이런 충동을 더 부추겼다. 스마트 기기는 순기능도 있지만, 많은 사람을 비인간적인 판단주의에 빠뜨렸다.

누군가의 프로필 문구가 마음에 안 드는가? 판단.

누군가가 당신이 불쾌하게 느낀 기사에 '좋아요'를 눌렀는가? 판단.

누군가가 당신이 혐오하는 사람을 팔로우하는가? 두 배로 판단.

판단하고 싶은 유혹은 말 그대로 우리의 호주머니 속에 있다.

다른 사람을 판단하는 행위가 만연한 이유는, 우리가 세상을 우리 방식대로 이해하기 쉽도록 사람들을 특정 유형으로 분류하는 데 편리하기 때문이다. 특히 신앙인들은 누가 하나님의 은혜 안에 있고 밖에 있는지 쉽게 구분하는 흑백 이원론을 갖는 경향이 있다. 하지만 인간성은 그보다 훨씬 더 복잡하다. 우리는 모두 복합적인 존재다. 우리는 우리 생각만큼 다른 사람들을 명쾌하게 파악하지 못한다.

인종 프로파일링에 연루되든, 다른 사람의 구원을 함부

로 단정하든, 또는 이메일 답장이 없는 이유를 섣불리 짐작하든, 예수님은 우리에게 판단을 멈추는 법을 가르치고 싶어 하신다.

2015년 기독교 여론조사 기관 바나(Barna)는 다음과 같이 보고했다.

> 상당수 청년이 교회에 대한 불만을 깊이 간직하고 있다. 3분의 1 이상은 부정적 인식이 교회 지도자들의 도덕적 실패 때문이라고 말했다. 교회에 다니지 않는 밀레니얼 세대의 상당수는, 기독교인들을 비판적이고(87%), 위선적이며(85%), 동성애에 반대하고(91%), 타인에게 무감각한(70%) 부류로 생각한다.[2]

예수님이 그분을 따르는 이들에게 피하라고 말씀하신 바로 그 이유로 그들이 악명이 높다니! 이 얼마나 슬픈 일인가.

목사인 나는 가끔 내가 **좀 더** 비판적이길 바라는 교인들과 대화를 나눈다. 누군가 이런 이메일을 보냈다. "목사님, 하나님의 심판에 대한 설교를 더 많이 듣고 싶습니다."

나는 이렇게 답장을 보냈다. "거의 매 주일 전 우리를 대신해 심판받으신 재판관 예수님에 대해 설교하고 있습니다."

그 교인은 이렇게 답했다. "그건 저도 압니다만, **그런** 종류의 심판 말고요."

    이게 무엇을 의미하는가? 아주 간단히 말해, 이 사람은 내가 두려움을 불러일으키는 방식으로 옳고 그름을 구분해 주길 바랐다. 그것이 바로 판단에 대한 복음주의적 충동이다. 하지만 두려움과 심판, 위협 같은 언어로만 예수님의 복음을 신실하게 선포할 수 있다고 믿는다면, 우리는 심각하게 오해한 것이다. 물론 경고가 필요할 때도 있다. 실제로, 구약의 선지자들, 세례 요한, 바울, 예수님은 사랑 없이 자기중심적으로 산 사람들에게 수없이 경고했다. 문제는 판단하는 말을 하면 우리가 선지자의 대열에 합류한다고 생각하기 쉽지만, 대부분의 경우 그건 단지 독선에 불과하다.

    복음서에서 예수님은 정죄하려는 제자들의 충동을 다루신다. 한번은 예수님이 예루살렘에 가시는 길이었는데, 어느 사마리아 마을 사람들이 그분과 제자들을 환대하지 않는다(고대 문화에서는 엄청난 모욕이었다). 이에 야고보와 요한이 아무렇지도 않게 묻는다. "주여 우리가 불을 명하여 하늘로부터 내려 저들을 멸하라 하기를 원하시나이까"(눅 9:54). 예수님은 즉시 돌아보시고 그들을 꾸짖으신다. 이 말씀은 모든 시대 그리스도인에게 해당하는 말씀이다. 우리는 판단이 아니라 은혜로, 흠잡기가 아니라 사랑으로, 우쭐대는 비판이 아니라 애정 어린 분별력으로 알려져야 한다. 예수님이 그리하라고 명령하신다.

어떻게 하면 판단하는 태도를 피할 수 있을까? 나는 실존적 판단과 종말론적 판단, 이렇게 두 종류의 판단주의를 설명하려 한다. 이는 우리가 다른 사람의 마음이나 영원한 운명을 판단할 수 없다는 사실을 조금 어렵게 표현한 것에 불과하다. 각각에 대해 간단히 살펴보도록 하자.

실존적 판단: 상대방의 마음을 판단하는 것

우리는 하나님이 아니다. 다른 사람의 마음속이 어떻게 돌아가는지 알지 못한다. 하나님이 이스라엘을 이끌 인간 왕을 찾으실 때 사무엘을 두고 하신 말씀을 생각해 본다. "내가 보는 것은 사람과 같지 아니하니 사람은 외모를 보거니와 나 여호와는 중심을 보느니라"(삼상 16:7).

우리가 상대의 동기를 안다고 전제할 때 곤란에 빠진다. 판단을 보류하는 건 단순한 윤리적 행위가 아니다. 이는 우리가 하나님이 아니라는 사실을 겸손하게 인정한다는 뜻이기에 신학적 행위이기도 하다. 예수님을 따르는 이들을 향한 주요한 부르심은 다른 사람의 내면 상태에 대해 섣부른 판단을 하지 않고, 사랑과 진리와 은혜를 나타내는 것이다.

종말론적 판단: 상대방의 최종 운명을 판단하는 것

예수님이 우리에게 판단하지 말라고 말씀하신 것은 모든 판단을 보류해야 한다는 의미가 아니다(인간적으로 불가능한 일이다). 한 사람에 대한 **최종적인** 판단을 내리지 말라시는 것이다. 다시 말하자면 최종 판단은 우리가 아닌 하나님의 특권이다.

우리 중 많은 사람은 (큰 소리로 말하든 머릿속으로 생각하든) 누가 구원을 받고 받지 못하는지를 주장하는 경향이 있다. 판단하지 말라는 예수님 말씀은 우리가 한 사람의 최종 영적 상태가 어떨지 판단할 위치에 있지 않음을 알려 주신다. 하나님 한 분만이 판결을 내리는 정의로운 재판관이시다.

하버드케네디스쿨(Harvard's Kennedy School of Government)에서 열린 포럼 도중 누군가 빌리 그레이엄 목사에게 이런 질문을 했다.

> "그레이엄 박사님, 예수님은 '내가 곧 길이요 진리요 생명이니 나로 말미암지 않고는 아버지께로 올 자가 없느니라'라고 말씀하셨습니다. 그 말씀은 유대인을 포함해 그리스도인이 아닌 사람은 전부 지옥에 간다는 뜻입니까?"
> 그레이엄은 이렇게 대답했다. "하나님은 우리 모두를

심판하실 것입니다. 하나님은 사랑과 자비의 하나님이시지만 공의의 하나님이시기도 합니다. 우리는 모두 하나님의 심판대 앞에 설 텐데, 제가 아닌 하나님이 그 일을 하시니 정말 다행입니다."

질문을 던진 젊은이는 실망한 듯했다. "하나님이 뭐라고 말씀하실 것 같은지 우리에게 말씀해 주시겠습니까?"

그레이엄이 대답했다. "글쎄요, 하나님은 그런 문제로 저와 상의하시지 않습니다."

낙담한 질문자는 그냥 돌아갔다.[3]

우리가 감히 상대방의 마음을 판단하거나 상대방의 최종 운명을 예측하는 건 매우 위험한 일이다. 하지만 예수님이 용인하신 유형의 판단이 **있다.**

겸손한 자기 성찰부터

하나님이 인정하시는 판단이 어떤 것인지 알아보기에 앞서 예수님은 이렇게 경고하신다. "너희가 비판하는 그 비판으로 너희가 비판을 받을 것이요 너희가 헤아리는 그 헤아림으로 너희가 헤아림을 받을 것이니라"(마 7:2). 다시 말해, 뿌린 대로 거두는 법이다.

예수님은 순전히 인간적인 차원에서 누군가 상대방을 비난하거나 가혹하게 판단할 때면 그 판단이 엄청난 기세로 돌아올 가능성이 있음을 아신다. 예를 들어, 다른 사람을 끊임없이 비난하는 사람은 자기도 비난을 **받을** 것이다. 더 깊은(그리고 영원한) 차원에서 우리를 심판하시는 하나님의 기준은 우리가 다른 사람들을 어떻게 대했느냐다. 스스로 질문해 보라. "나는 머리와 마음속에서 얼마나 가혹하게 다른 사람을 판단하고 있는가?" 이 물음은 우리의 판단주의를 누그러뜨릴 것이다. 언젠가는 우리의 심판 날이 올 것이기 때문이다.

경고를 넘어 예수님은 우리의 판단이 종종 엇나가는 이유를 설명하신다. 우리는 밝지 못한 눈으로 타인을 판단한다. 더 심각한 건, 자기 눈에는 커다란 들보가 박혀 있으면서도 남을 판단한다는 것이다.

예수님은 "어찌하여 형제의 눈 속에 있는 티는 보고 네 눈 속에 있는 들보는 깨닫지 못하느냐"(마 7:3)라고 말씀하신다. 원칙을 똑똑히 살피기를 바란다. 스스로를 먼저 살피지 않는 판단은 위선이다. 이 원칙을 한마디로 요약하면 **"자기 성찰"**이다. 위선과 가혹한 판단의 함정을 정말로 피하고 싶다면 이 개념이 대단히 도움이 될 것이다.

인권 운동가이자 마틴 루서 킹 주니어의 영적 스승이었던 하워드 서먼(Howard Thurman)은 이 개념을 잘 보여 주는 일화를 들려주었다. 어느 날, 그가 하계 강연 행사를 위해 한 대학에 머물고 있을 때, 참석자 중 한 사람이 자기 룸메이트가 심하게 코를 골아 잠을 잘 수 없다고 불평했다. 룸메이트가 내는 불쾌한 소리에 짜증이 난 그 남자는 서먼의 방으로 찾아왔다. 코 고는 소리를 계속 놀려 댔고, 심지어는 코를 고는 남자의 아내가 남편을 나무라지 않았다면 그건 그 아내 역시 그 누구에게도 뒤지지 않을 만큼 코를 곤다는 의미일 거라고 말하기도 했다.

서먼은 그 남자에게 자기 방에 보조 침대가 있으니 거기서 자도 좋다고 말했다. 그는 고마워하며 흔쾌히 제안을 받아들였다. 불평하던 남자는 먼저 잠자리에 들었고, 서먼이 저녁 독서를 위해 자리를 잡고 앉았다. (당신도 짐작하겠지만) 곧이어 서먼이 살면서 들어 본 코골이 중 가장 극심한 코골이가 시작되었다.

서먼은 그 방을 빠져나와 다른 침실에서 자야 했다. 불평하던 남자는 잠에서 깬 뒤 서먼이 다른 곳에서 곤히 자는 모습을 보고는 이렇게 말했다. "오, 저런! 말도 안 돼! 코 고는 사람에게 다시는 화내지 않을게요!"

서먼은 이런 말로 이야기를 마무리했다. "다른 사람의 행동을 판단하기는 매우 쉽지만, 모든 판단이 자기 판단이라는 걸 깨닫기 어려울 때가 많다. …… 내가 다른 사람들에 대해 비난하는 내용은 거울에 비친 나 자신일지도 모른다."**4**

겸손한 자세로 행한 자기 성찰은 우리의 판단주의를 상당 부분 억제할 수 있다. 우리가 자신의 진실성과 모순에 집중하면 우리 영혼은 더욱 정확하게 볼 수 있도록 형성된다. 분명한 것은, 누군가를 교정하고 성장을 도와야 할 자리가 있지만(이에 대해서는 잠시 후에 설명하겠다), 순서가 중요하다.

사막 교부 압바 요셉(Abba Joseph)의 말이 떠오른다. "자신에 대한 온전한 진실을 모르는데 어떻게 남을 판단할 수 있겠는가?"**5** 예수님도 우리가 이를 깨닫기 원하신다.

이 부분에서 성장하려면 많은 연습이 필요하다. 남을 판단하는 법을 배우려고 세미나까지 열 것 없다. 판단은 너무나도 자연스럽다. 하지만 자기 성찰은 힘들다. 자기 성찰에 도움을 주고자 다음 세 가지 질문을 제안한다.

* 내가 다른 사람들에게 기대하는 기준에 스스로 미치지 못하는 부분은 어디인가? — **실패**
* 현재 나는 하나님(과 다른 사람들)의 인내와 은혜로 인해 어떤 유익을 얻고 있는가? — **용서**
* 내 삶에서 내 맹점을 보게 도와줄 수 있는 사람은 누구인가? — **우정**

당신 눈 속 들보가 사라지면 우리 이웃의 문제는 티끌처럼 보인다. 예수님 말씀의 핵심은 우리 주변 사람들에게 지도와 인도가 필요한 중요한 문제가 하나도 없다는 것이 아니라, 우리 자신을 성찰할 때 다른 사람들의 문제를 새로운 관점에서 보게 된다는 것이다. 그럴 때 다른 사람들을 향한 판단은 교만이 아닌 겸손에서 나온다.

판단을 보류하는 법 배우기

판단에 대한 예수님의 가르침을 따르는 사람이 되려면 어떻게 해야 하는가? 매일 다른 사람들과의 (직접적인 그리고 소셜 미디어를 통한) 상호작용 가운데 판단을 보류할 기회는 많다. 하지만 자신과 생각이 다른 사람을 매장하고 험담하는 분위기에 휩쓸리기란 너무나도 쉽다. 나는 세 가지 방법을 제안하려 한다. "당황스럽다"라고 말하는 습관을 들이고, 죄의 위계에 저항하며, 성찰 기도를 배우는 것이다.

"당황스럽다"라고 말하는 습관 들이기

피터 스카지로(Peter Scazzero) 목사와 아내 제리(Geri)는 함께 쓴 책 *Emotionally Healthy Relationships*(정서적으로 건강한 관

계)에서 판단을 줄이는 데 도움이 되는 표현으로 "당황스럽네요"라는 말을 제안했다. 인간은 판단하는 존재라서 다른 사람에 대한 최악의 상황을 가정하는 데 재빠르다. 하지만 우리 사전에 "당황스럽다"라는 단어를 추가하면 그 즉시 판단을 멈추게 된다. 스카지로 부부는 당황스러움에 대해 이렇게 썼다.

* 사람들에 대해 부정적으로 추측하고 싶지 않을 때, 특히 모든 정보를 알지 못할 때 이 말을 쓴다.
* 당황스럽다는 표현은 우리가 성급하게 결론짓고 주변에서 일어나는 일들을 부정적으로 해석하는 것을 방지한다.
* 당황스럽다는 표현은 우리가 판단하는 대신 속도를 줄이고 질문할 기회를 준다.
* 당황스럽다는 표현은 사랑의 표현이다.[6]

우리 교회에서는 20년 넘게 이 표현을 사용했는데, 많은 문제를 해결하는 데 도움이 되었다. 당황스럽다는 표현이 어떻게 더 좋은 방법을 만들어 내는지 이해하는 데 도움이 되는 몇 가지 예를 보여 주겠다.

사례 1. 일주일 전 당신은 어떤 사람에게 중요한 이메일을 보냈는데 아직 회신이 없다. 본능적으로, 그 사람에게 부정적인 견해를 갖게 된다. 아마도 당신은 그가 당신을 피한다거나 그에게 당신은 우선순위가 아니라고 생각할 것이다. 어쩌면 그 사람이 게으르거나 무책임한 것일 수도 있다. 당신은 혼잣말로 이 사람에 대한 온갖 종류의 이야기를 하는데 각각의 이야기는 가혹한 판단으로 이어진다.

대안은 무엇인가? 간단하다. 확인 메일을 보내거나 그 사람을 만났을 때 당신의 딜레마를 직접 전달하는 것이다. 다음과 같은 취지로 이야기할 수 있을 것이다. "제가 일주일 전에 이메일을 보냈는데요. 왜 아직 답변이 없는지 조금 당황스럽네요. 가능하면 이른 시일 내에 답장을 주시겠습니까?"

처음엔 이런 말이 얼마나 딱딱하게 들리는지 나도 안다. 사실 이 말이 수동 공격적으로 들릴 수도 있지만(말투에 따라서는 그럴 수도 있다), 당신은 성급하게 결론을 내리지 않고 상대방에게 설명할 기회를 주는 것이다. 당신이 연락했던 그 사람이 여행 중이었거나 바쁜 한 주를 보내느라 이메일이 쌓였을 수도 있다. 어떤 경우든 당신은 더 잘 이해하기 위해 속도를 늦추는 셈이다.

사례 2. 당신은 룸메이트에게 쓰레기통을 비워 달라고 부탁한다. 그날 늦게 귀가한 당신은 쓰레기가 그대로 있음을 발견한다. 그 즉시 마음속으로 룸메이트를 판단한다. '저 사람은 게으르고 건망증이 심하고 사려 깊지 못해.' 그를 만난 당신은 말이 짧고 날카로워진다.

이 상황에 접근할 다른 방법은 무엇일까? 집에 돌아오니 쓰레기가 그대로다. 속에서 판단하려는 마음이 솟아오르는 것을 느끼며 숨을 깊이 들이마시고 이렇게 문자 메시지를 보낸다. "저기, 쓰레기가 그대로인 걸 보니 좀 당황스럽네. 무슨 일 있었어?" 룸메이트는 그가 깜빡한 정당한 이유를 대며 회신할 수도 있다. 아니면 책임을 인정하고 사과한 뒤에 더 잘하겠다고 약속할 수도 있다. 하지만 "당황스럽다"라는 말은 당신이 판단의 길을 피하는 데 도움이 된다.

이런 종류의 표현이 처음에는 부자연스럽게 느껴질 수 있지만, 자주 쓸수록 더 많은 열매를 맺을 것이다. 내가 말했듯, 우리 교회에서는 이 말을 수십 년간 사용하면서 긍정적인 교회 문화가 형성되었다.

죄의 위계에 저항하기

다른 사람의 죄가 대체로 우리의 죄보다 더 나쁘게 보인다는 걸 알고 있는가? 우리는 자신이 강한 영역에서 다른 사람의 약점을 쉽게 판단하게 된다. 그렇지만 우리 **모두는** 각각 다른 방식으로 연약하다. 인간은 어떤 건 사소하고 어떤 건 중대하다고 분류하는 죄의 위계를 만들기 좋아한다.

자기 정당화는 강한 충동이며 통제력을 유지하는 방법이다. 확실히, 영향력의 측면에서 모든 죄가 동일하지는 않다. 죄의 영향력에는 단계가 있다. 탐욕스러운 개인이 탐욕스러운 국가와 똑같은 영향력을 미치지는 않는다. 불륜을 저지르는 것이 찰나의 음탕한 생각보다 훨씬 더 심각한 관계의 파탄을 초래한다. 하지만 여기서는 남을 헐뜯고 자신을 변명하기 위해 죄에 **등급을 매기는** 행위가 얼마나 위험한지와, 예수님의 나라는 이와는 완전히 다른 방식으로 운영됨을 강조하려 한다.

어떤 영역에서는 순종을 최우선으로 하고 다른 영역은 소홀히 하는 종교 지도자들을 신랄하게 꾸짖으시는 모습에서 볼 수 있듯, 예수님은 죄의 위계를 만드는 것을 명확하게 거부하셨다. 예수님은 이렇게 말씀하신다.

> 화 있을진저 외식하는 서기관들과 바리새인들이여 너희가 박하와 회향과 근채의 십일조는 드리되 율법의 더 중한 바 정의와 긍휼과 믿음은 버렸도다 그러나 이것도 행하고 저것도 버리지 말아야 할지니라.
>
> °마태복음 23장 23절

이 대화에서 예수님은 사소한 일에는 철저하고 중요한 일에는 소홀했던 종교 지도자들의 근시안적 접근을 거부하신다. 그분은 친절하게도 우리를 이런 불균형한 영성에서 돌이키시는데, 그것이 처음에는 찌르듯 아프다. 좁은 길을 걷는다는 건 다른 사람들의 죄를 확대하여 우리 죄를 정당화하는 모든 체계를 버린다는 의미다. 스스로를 정직하게 바라보는 것은 자유로 가는 유일한 길이다. 사도 바울과 함께 우리는 이렇게 고백한다. "죄인 중에 내가 괴수니라"(딤전 1:15).

이는 일상에서 우리가 만든 '죄의 목록'을 경계해야 한다는 뜻이다. 우리의 사적 복수를 중심으로 하는 이 목록들은 하나님에 대한 우리의 관점과 그분이 중요하게 여기신다고 우리가 생각하는 것들을 드러낸다. 당신은 성 윤리나 가난한 사람들에 대한 무관심, 정치적으로 의견이 다른 사람들에 대한 비방 혹은 다른 문제들에 집착할 수도 있다. 예언자적 항의가 필요한 때도 있지만, 무엇보다도 예수님은 우리가 우리 자신의 마음을 살피고 그 안에 있는 죄를 인정하도록 부르신다.

성찰 기도

나를 아는 사람이라면, 내가 성찰 기도(the prayer of Examen)를 얼마나 좋아하는지 잘 알 것이다. 성찰 기도는 기도하는 마음으로 하루를 돌아보는 데 도움을 주는 영성 실천이다. 어떤 전통에서는 정오와 밤에 잠자리에 들기 전에 잠시 멈추어 반성하는 이 시간을 갖는다. 이는 하나님의 임재를 중심에 두는 영성 접근법으로, 꾸준히 고백하고 회개하는(판단주의에 대항하는 두 가지 실천) 삶을 살아가도록 도와준다.

하루를 돌아보는 시간은, 특히 우리가 성급하거나 일관성이 없을 때 어려울 수 있지만, 우리의 부족함에 대한 은혜와 다가올 날에 대한 힘을 얻을 기회를 준다. 나는 성찰 기도를 할 때 다음 네 가지 질문을 활용한다.

* 나는 오늘 그리스도의 사랑의 시선으로 누군가를 바라보았는가?
* 내 불안한 생각을 기도하는 중에 하나님 앞에 가져왔는가?
* 침묵 가운데 하나님의 임재하심에 집중했는가?
* 하나님께 고백하고 용서를 구해야 할 죄가 있는가?

간단한 이 기도를 실천하면서 스스로 마음을 살피면 다른 사람들의 잘못을 찾을 시간이 줄어든다는 걸 깨달았다.

판단을 보류하는 것은 예수님의 좁은 길의 일부지만, 이 길을 택하는 사람은 거의 없다. 왜냐하면 그 길은 궁극적인 심판자가 따로 있음을 상기시켜 주기 때문이다. 우리가 판단하지 않고 자기 성찰을 선택할 때 우리가 하나님처럼 볼 수 없음을 삶으로 고백하는 것이다. 그러므로 우리는 정의롭게 심판하시는 그분께 겸손하게 우리의 판결을 넘겨드려야 한다.

흔히 많은 사람이 하나님의 심판을 나쁜 소식으로 여긴

다. 그러나 그리스도 안에서 우리는 하나님의 심판을 세상에서 가장 좋은 소식으로 본다. 인간의 판단과 달리 하나님의 심판은 전적으로 정확하고 사랑스러우며 지혜롭다. 하나님은 변함없이 악에 맞서신다. 측량할 수 없이 자비로우시다. 그분의 심판은 언제나 은혜 가운데 있다.

하나님이 충만하신 지혜로 어떻게 이 세상을 심판하실지 나는 정확히 알 수 없지만, 예수님을 바라보노라면 하나님의 심판이 치유하고 구속하는 사랑 안에 뿌리내리고 있다고 결론지을 수밖에 없다. 그리고 우리는 하나님의 지혜로운 방법들을 알지 못하므로 그분의 완전한 성품에 우리(와 다른 사람들)의 삶을 맡기도록 부르심을 받았다.

chapter 11.

하나님의 뜻, 친밀함 속에서 분별하고 행하다

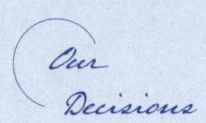

"목사님, 오해는 마세요. 하지만 먹고사는 게 이리 힘들고 바쁜데 제 삶을 향한 하나님의 뜻을 신비롭게 발견해 보라니요? 어떻게 해야 할지 도무지 모르겠어요."

이 말은 매우 어려운 상황에 닥친 한 성도에게서 들은 솔직한 반응이었다. 나는 내가 목회하는 사람들에게 "하나님의 뜻을 구하십시오"라고 권면할 때, 진부한 기독교 문구에 쉽게 빠져들 수 있다. 그래서 그녀의 말이 고마웠다. 그녀는 내가 한 걸음 물러서서 이 흔한 영적 질문을 숙고해 볼 수 있게 해 주었다. "내 삶을 향한 하나님의 뜻은 무엇이고, 그 뜻을 나는 어떻게 발견할 수 있는가?"

하나님의 뜻에 관해 이야기할 때 우리는 종종 **결정**의 관점에서 생각한다. 예를 들면 이런 것이다. "이 상황에서 하나님은 내가 어떻게 하길 원하실까?" 어쩌면 아직 싱글인 당신은 데이트의 장단점을 따지고 있을지도 모른다. 15년을 일한 회사에서 이직할지 말지 결정하려는 사람도 있을 것이다. 또 연로한 부모님을 자기 집에 모셔 오는 문제로 고심하는 사람도 있을 것이다.

때로 우리는 하나님의 뜻을 놓칠까 염려한다. 여기에서 결정을 잘못하고 저기에서 충동적으로 움직이다가 인생의 궤도를 이탈해 버리지는 않을지 걱정한다. 우리는 하나님의 길에서 빗나가 버렸음을 감지하지만, 다음 단계가 무엇일지 분명하지 않다. 마틴 루서 킹 주니어가 마지막 설교에서 말했듯, "나는 그저 하나님의 뜻을 따르고 싶다."[1] 이는 모두가 원하는 바다. 하지만 그게 과연 가능할까?

"가능하다!"는 예수님의 대답이 크게 울려 퍼진다. 하나님의 뜻은 한번 잘못 접어들면 자격을 박탈당하는 미로 찾기가 아니다. 예수님과 함께하는 삶은 그보다 훨씬 좋은 것이다. 좁은 길은 속임수가 아니다. 하나님을 알고 사랑하는 삶으로의 초대다.

내 숨은 마음을 보시는 분

산상수훈 막바지에 이르러 예수님은 줄곧 강조하신 내용, 곧 하나님이 우리 마음속 깊은 곳을 보고 계신다고 되풀이하신다. 모든 걸 보시는 하나님은 내면을 성찰하는 삶으로 우리를 부르신다. 내면을 성찰하며 사는 이들은 자기기만의 가능성(좀 더 정확하게 말해 불가피성)을 알아차린다. 의로운 듯 보이는 우리의 행위 이면에 썩어 빠진 동기가 있음을 예수님은 잘 아신다. 그분 말씀 중에 이 구절만큼 이 점이 무섭게 드러난 곳도 없다.

> 나더러 주여 주여 하는 자마다 다 천국에 들어갈 것이 아니요 다만 하늘에 계신 내 아버지의 뜻대로 행하는 자라야 들어가리라 그 날에 많은 사람이 나더러 이르되 주여 주여 우리가 주의 이름으로 선지자 노릇하며 주의 이름으로 귀신을 쫓아내며 주의 이름으로 많은 권능을 행하지 아니하였나이까 하리니 그때에 내가 그들에게 밝히 말하되 내가 너희를 도무지 알지 못하니 불법을 행하는 자들아 내게서 떠나가라 하리라.
>
> °마태복음 7장 21-23절

이 말씀을 읽을 때면 그분의 단호함에 움찔하게 된다. 하지만 이 경고의 중심에는 은혜가 있다. 예수님은 우리를 너무나 사랑하시기에 진리로 말장난하지 않으신다. 그분은 단순히 하나님에 **대해** 아는 것만이 아니라, 하나님을 경험하며 아는 삶으로 우리를 초대하신다. 겉치레가 아닌 진정한 임재의 삶, 그저 하나님을 **위해 무언가를 하는** 삶이 아니라, 하나님과 **함께하는** 삶으로 우리를 초대하시는 것이다. 예수님은 동기와 사명이 분리된 영성, 즉 겉으로 드러나는 행동과 그 마음속 동기가 분리된 영성에는 관심이 없으시다. 그분은 우리를 일치함, 즉 분열되지 않고 확고한 삶으로 부르신다.

문제는 잘못된 이유로도 얼마든지 경건한 일을 할 수 있다는 사실이다. 이 본문 바로 앞에서 예수님은 양인 척하는 이리, 다시 말하면, 제자처럼 행동하지만 교회를 속이는 가짜 선지자들에 대해 경고하신다. 그들은 다양한 이유를 가지고 속이려는 의도로 우리에게 다가온다. 오로지 자기만을 위해 사는 사람들, 자기 앞을 가로막으면 그게 누구든 집어삼키는 권력과 특권을 노리는 사람들이다.

이런 사람들이 해로운 이유는 그들이 내세우는 소위 하나님 이야기와 신앙생활이라 부르는 것들 때문이다. 그들 역시 매주 교회에 가고, 무료 급식소에서 봉사하며, 성경 구절을 벽에 걸어 놓는다. C. S. 루이스(Lewis)는 이렇게 말했다. "하나님의 부르심이 우리를 더 나은 존재로 만들지 못했다면, 그것은 반드시 우리를 훨씬 나쁜 존재로 만든다. **온갖 악인들 중에서도 가장 악한 사람은 종교적 악인이다.** 창조물 중에서 가장 사악한 것은 본래 하나님의 직접적 현존 앞에 서 있던 존재였다."[2] 이크!

넓은 길에는 이리가 가득하다. 그렇다면 우리는 그 이리들을 어떻게 피할 수 있으며, 더 가슴 아픈 말을 하자면, 어떻게 해야 그런 이리가 되지 않을 수 있을까?

"내가 너희를 도무지 알지 못하니"라는 예수님 말씀을 우리가 듣고 싶지 않은 만큼이나 예수님도 그 말씀을 하고 싶어 하시지 않는다. 이런 근본적인 질문을 던져 보자. "나는 예수님을 진정으로 알아 가는 중인가, 아니면 내 유익을 위해 그분을 이용하고 있는가?"

심판의 날

'하나님 뜻에 귀 기울이는 삶'에서 흘러나온 선행이 **아니라면** 그 선행만으로는 그분을 기쁘시게 할 수 없다고 예수님은 분명히 말씀하신다. 휴우. 심호흡을 크게 해 보자.

예수님이 여기서 말씀하시는 최후의 심판의 날을 생각만 해도 당신 마음이 불편하다면, 나 역시 같은 마음이다. 이런 주제를 들으면 길모퉁이에서 화를 내며 손가락질하는 사람들 모습이 곧바로 떠오른다. 가장 큰 소리로 하나님의 심판을 요구하는 사람들이 정작 자신들이 벌해야 한다고 여기는 죄의 목록을 꼼꼼히 정리해 둔다는 점이 나는 언제나 의아했다.

하지만 여기서 예수님이 말씀하시는 심판은 소파에 쓰러져 숙취로 고생하는 파티광에게 해당되는 것이 아니다. 모든 사람이 거룩하다고 생각하는 신앙심 깊고 흠잡을 데 없는 유형의 사람을 향한 것이다.

예수님이 언급하시는 심판의 날은 하나님의 최종적인 분류를 의미한다. 하나님이 사랑과 정의의 가치를 어떻게 궁극적으로 이루실지 예측할 수는 없어도, 우리는 다가올 그날의 현실 속에서 살아가야 한다. 현대인의 귀에는 이 말이 영적으로 교묘하고 강압적으로 들릴 수도 있다.

어쩌면 당신은 하나님의 심판이라는 말이 종종 설교자들이나 염려 많은 종교인들이 늘어놓는 예측과 섬뜩할 정도로 비슷하게 들린다고 생각할 수도 있다. 또 어쩌면 당신은 아예, 심판받는다는 모든 개념을 거부할지도 모른다. 하지만 다시 예수님 말씀에 귀 기울여 보라. 그렇다. 하나님은 세상을 심판하시겠지만, 여기서 강조하는 것은 하나님을 제대로 알지 못하면서 그분을 대변했던 사람들이다. 예수님은 당신이 영적으로 눈이 멀지 않도록 거짓된 것을 밝히신다.

하나님이 빠진 하나님 나라 사명?

예수님은 올바른 신학을 가졌다고 생각하는 이들에게 경고하신다. 예수님이 심판의 날에 대해 말씀하시며 심판하시는 이들은 서류상으로는 정통 신앙인으로 인정받은, 신앙 공동체의 정식 구성원이다. 그들은 예수님을 "주"라고 부르며, 예수님의 유일한 지위에 전적으로 동의한다. 이들의 신학 교리는 논리적으로 철저하여 흠잡을 데가 없다. 우리는 여기서 어렵지만 꼭 필요한 교훈을 배운다. 지식(심지어 구원에 이르는 지식이라 할지라도)이 있다고 해서 예수님을 진정으로 아는 것은 아니다.

영적 자기기만의 가장 큰 함정은 그리스도인의 삶의 목표가 지식을 얻는 것이라 믿는 것이다. 야고보는 이를 그리스도인 형제들에게 이런 식으로 말했다. "네가 하나님은 한 분이신 줄을 믿느냐 잘하는도다 귀신들도 믿고 떠느니라"(약 2:19). 그는 귀신들조차 올바른 신학을 가졌고 **게다가** 그 중요성까지 느끼지만, 그 지식이 그들 존재에 아무런 변화를 가져오지 못한다고 말한다. '올바른' 내용을 믿는 것을 엄청나게 강조하면서 삶에서는 이를 실천하지 않는 사람들에게 이 개념은 매우 중요하다.

예수님은 영적 엘리트인 이런 사람들의 동기에 대해서

도 말씀하신다. 그렇다. 이들은 사람들을 도와주긴 하지만(심지어 귀신을 내쫓거나 병에 걸린 사람을 치유하는 것처럼 심오한 방식으로 말이다) 정작 예수님을 **알지** 못한다. 성경에서 **안다**는 말은 깊은 친밀함을 의미한다. 삶을 주고받는 상호 관계인 것이다. 예수님은 그들에게 이렇게 말씀하신다. "내가 너희를 도무지 알지 못"한다(마 7:23).

당신은 가수 테일러 스위프트(Taylor Swift)나 농구선수 르브론 제임스(LeBron James)에 **대해** 알 수도 있다. 노래 가사를 줄줄 외우고 머릿속에 저장한 온갖 통계를 꺼낼 수도 있다. 하지만 그들이 사는 곳에 불쑥 찾아가 "당신을 사랑해요. 여기 잠깐 있어도 될까요?"라고 말한다면 당신은…… 즉시 체포될 것이다. 같은 식으로 하나님과 깊은 우정을 쌓지 않아도 그분에 **대해** 알 수는 있다.

하나님 나라에서 사명은 중요하지만, 동기 역시 중요하다. 우리가 하는 모든 행동은 바울이 고린도전서 13장에서 말하는 것처럼 하나님과 이웃에 대한 사랑으로부터 흘러나와야만 한다.

> 내가 사람의 방언과 천사의 말을 할지라도 사랑이 없으면
> 소리 나는 구리와 울리는 꽹과리가 되고 내가 예언하는
> 능력이 있어 모든 비밀과 모든 지식을 알고 또 산을 옮길 만한

모든 믿음이 있을지라도 사랑이 없으면 내가 아무것도 아니요
내가 내게 있는 모든 것으로 구제하고 또 내 몸을 불사르게
내줄지라도 사랑이 없으면 내게 아무 유익이 없느니라.
°고린도전서 13장 1-3절

리더로서 나는 이 말씀으로 내 동기를 샅샅이 살피려고 끊임없이 노력한다. 애덤 니더(Adam Neder)는 그의 책 *Theology as a Way of Life*(삶의 방식으로서의 신학)에서 '하나님 이야기'로 먹고사는 사람들에게 특히 불편한 한 가지 진실을 말한다.

> 예를 들어, 모든 기독교 지도자가 예수 그리스도의 고난과 죽음에서 이익을 취하고 있음을 우리가 얼마나 쉽게 잊는지 생각해 보라. 예수님은 십자가에 못 박히시고 우리는 돈을 받는다. 그것이 정해진 방식이다. 예수님은 고난당하시고 우리는 돈을 번다. 기독교 신앙을 가르치면서도 이 사실에 조금도 불편함을 느끼지 않는다면, 당신은 제대로 생각하고 있지 않은 것이다.[3]

우리가 하나님을 섬기려고 노력할 때도 동기는 뒤섞인다는 이 경고는 성직자만을 위한 것이 아니다. 우리는 교회 리더십의 핵심 그룹에 들고 싶어서 교회에서 봉사할 수도 있다. 칭

찬을 받으려고 중요한 사역에 넉넉히 베풀 수도 있다. 하나님이 아닌 **우리** 영광을 위해 선한 일을 할 수도 있다.

일부 사람들이 하나님의 뜻을 행하고 있지 않은데도 자신이 그렇게 하고 있다고 **생각하는** 이유가 바로 그 때문이다. 기적, 귀신을 내쫓는 것, 섬김……. 놀랍게도 이 모든 행위 가운데 그들은 가장 중요한 것, 하나님을 사랑하는 것을 잊는다. 예수님은 공포를 조성하려고 경고하시는 게 아니다. 오히려 우리를 분별에 이르게 하고, 오늘 우리의 결정을 다시 점검해 보라고 분명하게 명하신다.

오늘 우리의 행위는 우리의 뜻인가, 다른 누군가의 뜻인가, 아니면 하나님의 뜻인가?

하나님의 뜻을 분별하려면

하나님의 뜻을 발견하고 실행하는 것은 만족스러운 삶으로 가는 예수님의 좁은 길을 따르는 데 가장 중요한 과제 중 하나다. 여기에는 분별이 필요한데, 이는 우리 대부분에게 자연스러운 일이 아니다. 내가 지금까지 결정을 내릴 때 사용했던 접근 방식은 다음 세 가지 범주로 나눌 수 있다.

첫째, 나는 언제나 분별하되 절대 결정을 내리지 못하는 사

람이었다. 나는 결정하는 게 너무 두려워서 몇 번이고 선택지를 숙고한다. 이런 우유부단함 이면에는 대개 내가 해결하지 못한 감정의 응어리들이 있다. 예를 들면, 리더로서 나는 특정한 계획과 관련하여 필요한 모든 정보를 수집할 수 있지만, 실패가 두려워서 꼼꼼히 분석만 하다가 아무런 행동도 취하지 못한다. 주의하지 않으면 지난날의 실패가 나를 가두어 버릴 수도 있다.

반대로, 나는 분별없이 결정하는 경우가 잦았다. 이러한 경우는 예수님이 "내가 너희를 도무지 알지 못"한다고 (마 7:23) 말씀하셨던 대상들이 저지르는 바로 그 실수다. 때로는 나는 내가 원하는 것에 너무 집착한 나머지, 하나님을 구하는 대신 즉흥적으로 행동한다.

가끔은 하나님의 은혜로 분별의 자리에서 결정을 내린다. 뉴욕의 다른 지역으로 이사를 결정했을 때, 맨 처음 든 생각은 재정적으로 가장 좋은 거래를 해야 한다는 것이었다. 그것도 물론 이사 과정의 일부였지만, 우리 부부는 교인들과의 물리적 근접성, 사람들을 더 많이 초대하고 싶은 욕구 같은 가치관에 대해 기도하는 마음으로 생각해 보는 시간을 가졌다. 지도자로서 나는 인종차별, 정치, 성 문제 같은 민감한 사안들을 어떻게 다룰지도 분별해야 했다. 물론 잘 분별한다고 해서 논의가 언제나 순조로운 것은 아니다! 그렇지만 이 또한 내가 성장하고 있는 삶의 한 영역이다.

장담하건대, 마태복음 7장에서 예수님의 심판을 받는 사람들은 잘못된 결정을 두어 가지만 한 게 아니다. 실수하지 않는 사람은 없다. 문제는 **평생** 그들이 멈춰서 하나님 뜻을 생각해 본 적이 없었다는 것이다. 예수님은 그들에게 "내가 너희를 **도무지** 알지 못"한다고 말씀하신다. 이런 반성 없음이 눈덩이처럼 불어나서 예수님과 상관없는 종교적 활동만 하는 삶으로 이어졌다. 그리고 그 가파른 언덕에서 미끄러지기 시작하면 멈추기가 어렵다.

하나님의 뜻을 **행하려면** 반드시 그분의 뜻을 **알아야** 한다. 그렇다면 어떻게 하나님의 뜻은 알 수 있을까? 생각해 볼 네 가지 요소가 있다.

* 하나님 뜻을 열망하라.
* 성경 말씀을 찾아보라.
* 마음의 소리에 귀 기울이라.
* 공동체의 지혜를 구하라.

지금부터 각각의 요소를 간단하게 살펴보자.

하나님 뜻을 열망하라

다윗의 고백이다. "나의 하나님이여 내가 주의 뜻 행하기를 즐기오니 주의 법이 나의 심중에 있나이다"(시 40:8). 그가 "내가 주의 뜻 **생각하기를** 즐기오니"라거나 "내가 주의 뜻 **고려하기를** 즐기오니"라고 말하지 않은 데 주목해야 한다. "내가 주의 뜻 **알기를** 즐기오니"라고 말하지도 않는다. 그는 주의 뜻 **행하기를** 열망한다. 하나님의 뜻을 단순히 고려만 하지 말고, 반드시 그 뜻에 순종해야 한다. 예수님이 우리에게 다음과 같이 기도하라고 가르치시는 것도 그런 이유다. "나라가 임하시오며 뜻이 하늘에서 이루어진 것같이 땅에서도 이루어지이다"(마 6:10).

다윗은 그의 영혼 깊은 곳에서 하나님의 뜻이 선하며 실행할 가치가 있음을 알고 있다. 하지만 인정하건대, 나도 가끔은 이 사실에 공감하기가 쉽지 않다. 지난 몇 년간 "하나님의 뜻이 이루어지이다"라고 기도하기가 굉장히 힘들었다. 이런 주저함 뒤에는 하나님은 내가 불행해지기를 원하신다는 의심이 도사리고 있었다. 혹시 당신도 예수님을 따르는 것이 과연 가치 있는 일인지 의문을 품어 본 적 있는가? 예수님의 좁은 길이 당신의 자유를 빼앗아 갈지도 모른다고 의심해 보았는가? 당신 혼자만 이런 생각을 하는 것은 아니다. 그럴 때 나에게 도움이 된 한 가지 진리가 있다. 그것은 바로 "하나님은 예수님과 동일한 분이시다"라는 점이다.

성경에서 예수님을 주목하면 하나님이 어떤 분인지에 관한 온전한 계시를 보게 된다. 복음서 이야기에서 일하시는 예수님을 만나 보라. 예수님이 긍휼을 베푸신 사람들을 주목하라. 즐겨 용서하신 예수님을 묵상하라. 예수님이 누구를 만지시고 환대하시는지 그리고 누구를 꾸짖으시는지 주목하라. 그분의 자신을 내어 주신 사랑, 죽음을 정복하심, 악한 권세를 물리치심, 풍성한 돌보심을 깊이 묵상하라. 하나님에 대한 우리의 왜곡된 이미지가 회복될 때, 우리는 그분의 뜻이 선하다는 것을 믿고 그 뜻을 간절히 바랄 수 있다.

나는 우연히 발견한 한 기도문에서 이 진리의 힘을 느꼈다. '자기 전에 드리는 복음 사랑 축복 기도'라는 기도문으로, 잠자리에 들기 전 부모가 어린 자녀와 함께 암송할 수 있는 대화문이다. 나는 이 기도문이 좋다. 어린 자녀들의 마음에 특정한 하나님의 이미지를 심어 주는 데 많은 도움을 주기 때문이다. 아이들은 감수성이 매우 예민해서 하나님의 성품이 선하며 사랑에 기반한다는 것을 일찍부터 알면 그분의 뜻을 신뢰하는 튼튼한 토대를 세울 수 있다.

이 아름다운 기도문을 읽어 보자.

부모 / 내 눈이 보여?

자녀 / 네.

부모 / 내가 네 눈을 보고 있는 게 보여?

자녀 / 네.

부모 / 내가 너를 사랑한다는 걸 알아?

자녀 / 네.

부모 / 네가 어떤 착한 일을 하든 상관없이 내가 너를 사랑한다는 걸 알아?

자녀 / 네.

부모 / 네가 어떤 나쁜 일을 하든 상관없이 내가 너를 사랑한다는 걸 알아?

자녀 / 네.

부모 / 누가 또 너를 그렇게 사랑할까?

자녀 / 하나님이요.

부모 / 내가 사랑하는 것보다 더?

자녀 / 네.

부모 / 그 사랑 안에서 잘 자렴.[4]

네 살배기 아들 네이선(Nathan)과 함께 이 기도를 드렸다. "누가 또 너를 그렇게 사랑할까?"라고 묻자, 아들이 이렇게 대답했다. "산타!" 아, 아무리 봐도 갈 길이 아직 멀었다.

요점은 이렇다. 예수님은 우리에게 하나님의 선하심에 대한 비전을 주시며, 그로 인해 우리는 강요된 의무감이 아니라 기쁨과 열망으로 순종하게 된다. 하나님의 뜻을 열망하는 것은 우리 자신을 예수님의 반문화적인 좁은 길에 기꺼이 여는 것이다. 그리고 그것이 힘들기는 하지만 우리가 간절히 바라던 삶을 가져다줄 것이다.

하나님의 뜻을 열망하는 것은 순전히 성령의 은혜다. 오랜 세월에 걸쳐 나는 이렇게 기도하는 법을 알게 되었다. "주여, 주님의 뜻을 알고 행하고자 하는 열망을 허락하여 주소서. 그리고 그 열망이 없을 때도 주님을 찾을 수 있는 훈련을 허락하여 주소서." 열망을 얻는 쉬운 방법은 없다. 하지만 특별히 기도와 말씀 묵상 가운데 우리 자신을 예수님께 열면, 우리가 우리 자신을 위해 할 수 없는 것들을 성령이 우리 안에서 행하신다.

성경 말씀을 찾아보라

하나님 뜻을 분별하려면 성경 말씀의 지혜에 깊이 잠겨야 한다. 성경은 읽기 어렵고 많은 노력을 요하는 책이기도 하지만, 그 안에서 우리는 하나님 나라의 가치 체계를 배울 수 있다. 물론 모든 질문에 대한 해답을 찾지는 못한다(예를 들면, "이 대학에 가야 할까, 저 대학에 가야 할까?"라든가 "퇴직해야 할까, 계속 일을 해야 할까?"). 그렇지만 성경은 우리에게 필요한 원리와 지혜를 제공한다. 기억하라. 성경을 통해 하나님 뜻을 분별하려면 꾸준하고 신중하며 호기심 어린 접근이 필요하다. 그리고 다른 사람들과의 대화를 통해, 하나님의 뜻 가운데 간과하기 쉬운 측면에 주의를 기울여야 한다.

마음의 소리에 귀 기울이라

나는 자기 마음을 믿으면 안 된다는 말을 오랫동안 들어 왔다. 보통 "만물보다 거짓되고 심히 부패한 것은 마음이라 누가 능히 이를 알리요마는"(렘 17:9) 같은 구절이 이런 주장을 뒷받침한다. 많은 사람이 이 말씀을 우리 마음속 갈망을 몹시 의심스러운 눈으로 바라봐야 한다는 의미로 받아들였다.

하지만 생각해 봐야 할 다른 구절도 있다. 에스겔 선지자는 하나님이 "새 영을 너희 속에 두고 새 마음을 너희에게 주되 너희 육신에서 굳은 마음을 제거하고 부드러운 마음을 줄" 날에 대해 예언했다(겔 36:26). 예수님을 신뢰하고 성령 충만함을 받을 때마다 그 약속은 이루어진다. 우리가 예수님을 따르면 마음의 소리를 분별하여 들을 수 있고 우리를 인도하시는 성령의 임재를 신뢰할 수 있다.

우리 마음속 갈망을 한쪽으로 미뤄 두어야 하나님 뜻을 행할 수 있다고 믿기 쉽다. 그러나 하나님은 **우리 마음을 통해** 역사하심을 아는 것이 중요하다. 바울은 빌립보 교회 사람들에게 이렇게 말했다. "너희 안에서 행하시는 이는 하나님이시니 자기의 기쁘신 뜻을 위하여 너희에게 소원을 두고 행하게 하시나니"(빌 2:13).

우리의 모든 갈망이 하나님 뜻을 행하는 데 걸림돌은 아니다. 어떤 갈망은 우리를 향한 하나님의 마음과 일치하지 않을 수도 있지만, 우리는 성령의 도우심에 힘입어 하나님 뜻을 구할 때 우리 마음의 소리에 귀 기울여야 한다.

그렇지만 성령으로 빚어진 마음의 소리를 따를 때는 우리를 알고 사랑하는 신뢰할 만한 그리스도인들 사이에서 그런 생각들을 시험해 보는 것이 현명하다. 그것이 하나님 뜻을 분별할 때 나에게 도움이 되었던 가장 중요하고 결정적인 측면이다.

공동체의 지혜를 구하라

내가 가장 좋아하는 성경 말씀 중 하나는 사도행전에서 찾을 수 있다. 교회는 예수님의 왕권 아래 이방인과 유대인 신자를 어떻게 통합할지 분별해야 하는 중대한 역사적 시점에 있었다. 이는 이방인들이 유대인의 규범과 전통을 어느 정도까지 따라야 할지 리더들이 판단하고 결정해야 한다는 의미였다. 사도들과 장로들은 이렇게 결론지었다. "성령과 우리는 …… 옳은 줄 알았노니"(행 15:28).

"우리는." 바로 이 한마디가 하나님의 지혜와 인도하심이 언제나 신비스럽기만 한 건 아님을 일깨워 준다. 사실 그분의 지혜와 인도하심은 우리 가까이 있지만, 그것을 발견하려면 공동체의 의견과 분별이 필요할 때가 많다. 어떤 결정을 할 때, 우리 곁에서 하나님을 구하는 사람들과 함께 기도하며 의견을 나누면 모든 것이 명확해진다.

아내와 내가 어린 두 자녀를 키우면서 교회까지 이끄는 상황이 버거웠던 시기가 있었다. 우리 부부는 그 기간을 헤쳐 나갈 실질적인 방법을 고민하는 데 도움이 되어 줄 친구, 가족들과 대화를 나누기 시작했다. 몇 차례 대화를 마치고, 우리는 2년 정도 처가에 들어가 사는 게 우리가 겪는 정서적 소진과 피로를 극복하는 데 도움이 될 거라는 결론을 내렸다. 솔직히 말해 나는 그 일이 엄청난 퇴보처럼 느껴졌기에 부끄러웠다.

뉴욕에서 크고 유명한 교회를 목회하는 내가 처가에 들어가 살게 되다니! 그러나 공동체 친구들은 내가 마음속에 품고 있던 생각들을 다른 시각으로 바라보게 하고 격려해 주었다. 친구들은 내 결정을 하찮은 생각이 아니라 생명을 주는 결정으로 여기도록 도와주었다. 이것이 공동체의 지혜가 주는 선물이다.

이 장을 마무리하는 지금도 당신은 예수님의 경고를 여전히 두려워할지 모른다. 언젠가 예수님이 당신에게 "내가 너를 도무지 알지 못한다"라고 하실까 봐 염려할지도 모른다. 어쩌면 당신은 '하나님이 내게 정말로 원하시는 것은 무엇일까?' 하고 궁금해할 수도 있다. 이 질문이 이상하거나 방어적인 말로 들릴지 모르지만, 사실은 더없이 솔직한 질문이다. 분명 순종은 예수님께 중요하지만, 우리는 은혜로 구원받았다. 이 모든 내용이 어떻게 조화를 이루는지 생각해 보자. 그러면 우리는 하나님 뜻을 행하는 것에 두려움이 아니라 확신을 가질 수 있다.

행동으로 옮기라

"우리는 은혜로 구원을 받습니까, 아니면 행위로 구원을 받습니까?" 이런 극단적인 질문을 받으면 나는 몹시 화를 내곤 했다. 이 문제와 관련해 사람들과 격정적이고 건강하지 못한 논쟁을 얼마나 많이 벌였는지 이루 헤아릴 수 없다(이 글을 읽으면서 마음속에서 열불이 솟구치는 독자들도 있을지 모르겠다). 단지 글 몇 줄로 당신의 신학적 확신과 의문을 만족시킬 수는 없겠지만, 이 오래된 논쟁점에서 어떻게 내가 감정적으로 벗어났는지 알려 주겠다. 나는 그저 성경을 있는 그대로 읽었고(행위와 은혜를 **모두** 강조한다) 겉으로는 모순되어 보이는 이 두 개념을 긴장 가운데 함께 붙잡는 법을 배웠다.

쉽게 말해, 우리는 오로지 예수 그리스도로 말미암아 구원받는다. 나는 그분이 이 세상의 유일한 구세주이심을 믿는다. 예수님은 삶과 죽음, 부활, 그리고 하나님 우편에 앉으심으로써 "주"로 선포되셨다. 그분 안에서 우리는 믿음과 행위가 하나 되는 구원 프로젝트에 초대된다.

하나님 나라를 보게 될 사람들은 아버지의 뜻을 행하는 이들이라고 예수님은 말씀하신다. 이 말씀은 신앙을 값싼 믿음의 관점으로 받아들이는 사람들에게는 상당히 문제가 되는 발언이다. 이들은 구원을 그 이후 삶의 방식에는 거의 영향이 없는 일회성 행위로 본다.

이 견해는 예수님의 다스림에 순종하는 것보다 천국을 목표로 삼는다. 무엇을 얻느냐에 초점을 맞추지만 십자가를 지는 힘든 현실은 회피한다. 이런 신앙은 환원주의적이어서, 예수님의 좁은 길을 필수가 아닌 선택으로 여긴다. 그 길이 우리의 영원한 미래를 보장하지만 지금 여기서 따를 수 있는 길은 아니라고 보는 것이다.

예수님은 명쾌하시다. 하나님 나라로 들어가는 길은 **행함**에 있다. 이 말은 구원이 우리의 선행에 대한 보상이라는 뜻이 아니다. 예수님(과 후대의 사도 바울)이 생각하는 구원은 언제나 후한 베풂과 구체적인 반응을 일으키는 선물이다.

나는 75개국 이상에서 온 사람들이 모인 교회를 목회하고 있다. 대다수 교인이 이민 1세대다. 이런 상황에서 내가 깨달은 것은, 선물을 주면 계속해서 선물을 주고받는 순환이 형성된다는 것이다. **은혜**라는 풍성한 신학적 단어는 이런 식으로 이해되어야 한다.

나는 나와 의미 있는 대화를 나눴던 동아시아 출신의 연세 많은 한 교인을 위해 봐 두었던 티셔츠를 산 적이 있다. 일주일 뒤, 그 교인은 예쁜 일기장과 책 한 권을 교회 사무실에 놓고 갔다. 처음에는 티셔츠가 선물이므로 다른 뭔가를 보답할 필요가 없는데, 혹시 그가 오해한 것은 아닐까 싶었다. 하지만 나는 문화적 깨달음을 얻었다. 그의 선물은 죄책감에서 나온 것이 아니라 은혜로 준 것이었다.

구원의 선물은 일방적인 거래가 아니다. 서로를 내주는 상호 작용의 문을 연다. 그리스도로 말미암아 우리는 믿음으로 의롭다 하심을 얻는다. 그러면 믿음은 결국 우리가 하늘에 계신 아버지의 뜻을 행하는 새로운 움직임을 만들어 낸다. 야고보의 말을 빌리면, "내 형제들아 만일 사람이 믿음이 있노라 하고 행함이 없으면 무슨 유익이 있으리요 그 믿음이 능히 자기를 구원하겠느냐"(약 2:14). 그 대답은 "아니오"다.

믿음이 우리 삶의 방식에 실질적인 변화를 가져오지 못한다면, 믿음과 삶이 단절된 것이다. 복음의 가장 큰 방해물은 무신론이나 다른 종교가 아니다. 바로 기독교 신앙이 이름뿐일 때다. 우리 신앙의 진정한 가치는 우리가 무엇을 믿는다고 **주장하는지에** 있지 않다. 진정한 믿음은 하나님과의 친밀한 교제에서 흘러나오는 사랑, 즉 아버지의 뜻에 따라 다른 사람들을 사랑하는 것으로 드러난다.

예수님은 순종이 고역이 아닌 기쁨이 되는 좁은 길로 당신을 부르신다. 예수님이 당신의 걸음걸음을 인도하시니 당신은 하나님 뜻을 '발견하는' 것에 조바심 내지 않아도 된다. 당신이 넘어지더라도 예수님은 당신을 사랑하실 것이다. 그러니 안심해도 괜찮다. 그분은 언제나 당신 편이시다.

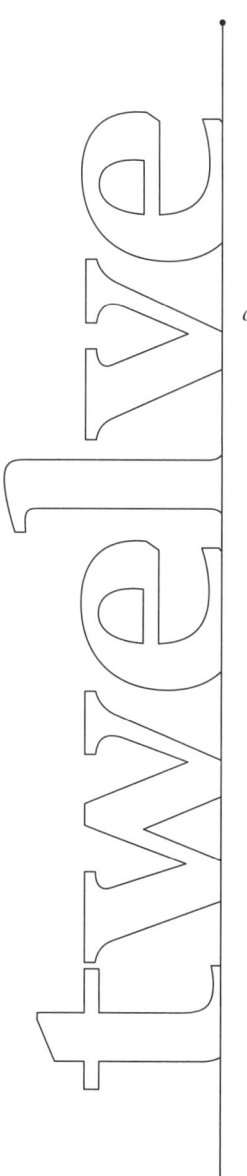

chapter 12.

사랑하기 힘든 이들, 예수의 긍휼로 사랑하다

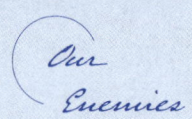
Our Enemies

언젠가 마크 트웨인(Mark Twain)은 이런 재치 있는 말을 했다. "내가 이해할 수 없는 성경 말씀이 아니라 내가 이해하는 성경 말씀이 나를 괴롭게 한다."

원수를 사랑하라는 예수님 말씀에 관한 한, 마크 트웨인의 이 말에 공감한다. 예수님의 이 가르침은 나를 괴롭게 한다. 이 말씀은 예수님 말씀 중에서 가장 어려운 말씀일지도 모른다. 그리고 특히 분열된 이 세상에서 가장 중요한 말씀일 수도 있다.

인류는 다음 두 가지 주요한 방식으로 원수를 바라보도록 훈련받는다. 원수는 무슨 일이 있어도 피해야 하거나, 무슨 수를 써서라도 파멸시켜야 하는 대상이다. 그러나 예수님의 좁은 길에서 우리는 원수의 유익을 구하라는 부르심을 받는다.

여러분 중 몇몇은 이렇게 생각할지도 모른다. '나는 적이 없어. 물론, 저 직장 동료가 날 좀 짜증 나게 하지. 두 집 건너 사는 이웃이 내게 소리를 지른 적이 있고…… 시댁 식구들과 좀 긴장 관계일 때도 있지만…… 흠, 그들은 원수는 아니잖아?' 당신의 이런 생각에 내가 도전해 보고 싶다.

어떤 면에서, 원수란 다른 개인이나 집단을 해치려는 의도로 (말이나 행동으로) 반대하는 개인이나 집단을 말한다. 나는 유튜브에서 영상을 찾아보던 도중 우리 교회 교인이었던 사람이 나에 대해 악담하는 영상을 보고 깜짝 놀란 적이 있다. 충격이 조금 잦아들자, 즉시 나는 그 사람을 적으로 분류했다.

나는 (좀 더 넓은 의미에서) 원수란 당신이 사랑하기 힘든 사람이라고 말하고 싶다. 아마도 약한 의미에서의 적일 것이다. 당신에게 고전적인 의미의 원수는 없을지 몰라도, 지금 여기서 우리가 말하는 원수란 당신과 반대편에 서 있거나 당신에게 반대하는 사람이다.

당신을 해고한 상사가 원수일 수 있다. 당신을 속여 외도한 남편, 당신에게 상처가 되는 말을 했거나 당신을 이용한 사람, 단순히 당신을 짜증 나게 하는 사람일 수도 있고, 아니면 특정 인종 집단이나 정당일 수도 있다. 당신이 사랑하는 사람을 아프게 하는 누군가가 원수일 수 있다. 지금 당신에게 원수가 없다 하더라도 아마 조만간 생길 것이다.

예수님은 이런 사람들을 어떻게 생각하고 대할지 우리에게 가르쳐 주신다. 마음을 단단히 먹으라. 예수님은 **그들을 사랑하고 그들을 위해 기도하라**고 말씀하신다. 친한 척하라는 명령이 아니다. 예수님을 따르는 이들에게 이건 순종과 영적 형성의 문제다. 우리가 원수를 사랑하고 그들을 위해 기도하는 것은 그러면 기분이 좋아져서가 아니라 주님이 우리를 세상과 구별되도록 부르시기 때문이다.

올바른 종류의 원수

독자들 중에는 원수가 많다고 생각하는 사람도 있으므로 여기서 잠깐 멈춰서 명확히 해 두는 편이 좋겠다. 당신에게 원수가 있는 건 예수님을 따라 좁은 길을 가고 있기 때문인가, 아니면 예수님의 이름으로 다른 사람들에게 무책임하게 상처를 주고 있기 때문인가?

예를 들면, 내가 새 신자였던 시절 첫 직장에서 있었던 일이다. 나는 동료들과 논쟁을 벌이고 종교에 대한 그들의 생각을 모욕하고 수동 공격적 행동을 보였다. 당연히 적이 생겼다. 그 결과 그들이 나를 비꼬거나 내 신앙을 조롱했을 때, 나는 내가 예수님께 충실했기 때문이라고 결론을 내렸다. 하지만 그것은 잘못된 방식으로 적을 만드는 일이었다. 이는 다음 세 가지 간단한 실수로 일어난다.

1. 예수님의 이름으로 무례하게 행동한다.
2. 주변 사람들의 부정적인 반응에 주목한다.
3. 예수님에 대한 충성을 주장한다(걸핏하면 종교 박해라고 거세게 항의한다).

그렇다면 우리에게도 예수님이 가지셨던 것과 같은 종류의 원수가 있는가? 이것이 바로 우리가 던져야 할 질문이다. 예수님을 따르는 우리에게 있는 적들은 우리가 예수님처럼 사는지 아닌지를 드러낸다. (괴상한 말처럼 들리겠지만) 올바른 종류의 원수란 우리가 힘없는 이들에게 이 세상 것이 아닌 사랑과 관심을 쏟는다는 이유로 우리를 깎아내리는 사람들이다. 내가 보기에 그리스도인들은 제대로 사랑하지 않아서 '잘못된 종류의' 원수를 종종 만드는 것 같다.

원수를 사랑하라는 부르심

예수님은 이렇게 말씀하신다. "또 네 이웃을 사랑하고 네 원수를 미워하라 하였다는 것을 너희가 들었으나 나는 너희에게 이르노니 너희 원수를 사랑하며 너희를 박해하는 자를 위하여 기도하라 이같이 한즉 하늘에 계신 너희 아버지의 아들이 되리니 이는 하나님이 그 해를 악인과 선인에게 비추시며 비를 의로운 자와 불의한 자에게 내려 주심이라"(마 5:43-45).

구약성경이 하나님 백성에게 글자 그대로 원수를 미워하라고 가르치지는 않지만, 이런 정서는 일반적이었고 널리 받아들여졌다. 예수님은 이른바 적으로 간주하는 사람들을 완전히 경멸하는 것을 허용하는 문화적 분위기에 맞서신다.

이와 같은 **'네 원수를 미워하라'주의**는 모든 세대에서 건재하다. 앤 라모트(Anne Lamott)의 친구이자 목사인 톰의 말을 빌리면 이렇다. "당신이 싫어하는 모든 사람을 하나님도 똑같이 싫어하신다고 밝혀진다면, 당신이 당신의 형상대로 하나님을 창조했다고 확실하게 가정할 수 있다."[1]

예수님은 그분을 따르는 이들에게 원수를 미워하지 않고 사랑하라고 명하신다. 당신이 좌절감으로 이 책을 덮어 버리기 전에, 원수 사랑이 어떤 것인지 살펴보자.

원수 사랑하기의 실제

사랑을 정의하고 온전히 구현하려면 예수님, 특히 자신을 해하려는 사람들을 대하시는 예수님을 바라보아야 한다.

원수를 사랑하면 그 사람에게 일방적으로 짓밟히게 된다

고 생각하기 쉽다. '다른 쪽 뺨도 돌려 대라'고 하시지 않았는가? 원수를 사랑하려면 우리를 악의적으로 반대하는 사람들에게 긍정적인 감정을 가져야 한다고 흔히 생각한다. 사랑에 대한 포괄적인 관점을 얻기 위해 복음서에 나오는 예수님의 관계 방식을 관찰해 보자.

기도

첫째, 예수님이 우리에게 원수를 사랑하라고 부르시는 주된 방법 중 한 가지인 그들을 위해 기도하는 것에 주목하자. 우리 기도는 세상 속에서 우리 존재 방식을 형성한다. 냉소적인 사람들은 이렇게 반박할지도 모른다. "저는 원수들을 위해 기도합니다. 그들이 망하도록 기도하는 거죠!" 그 심정 충분히 이해한다. 나도 그런 적이 있었는데, 성경 속 선례도 풍부하다. 저주가 가득한 시편 몇 구절을 읽어 보라. 다시 말해, 원수에게 재앙을 내려 달라고 하나님께 간청하는 성경 속 시들 말이다! 다음은 몇 가지 예다.

> 악인의 팔을 꺾으소서 악한 자의 악을 더 이상 찾아낼 수 없을 때까지 찾으소서.
> °시편 10편 15절

그들이 까닭 없이 나를 잡으려고 그들의 그물을 웅덩이에 숨기며 까닭 없이 내 생명을 해하려고 함정을 팠사오니 멸망이 순식간에 그에게 닥치게 하시며 그가 숨긴 그물에 자기가 잡히게 하시며 멸망 중에 떨어지게 하소서.

°시편 35편 7-8절

우리 기도가 노골적이고 분노와 슬픔으로 가득 차는 건 지극히 정상이다. 이런 사실은 우리를 현실 가운데 뿌리내리게 하고 하나님의 임재에 우리 마음을 열어 준다. 당신의 분노를 아뢰지 않으면 이 감정이 내면에서 억눌려 위험해진다. 예수님은 당신의 정직한 기도를 능히 감당하시고, 심지어 그런 기도로 초대하신다.

하지만 성경은 저주 시편을 **기록하기는** 하지만 삶의 방식으로 **권장하지는** 않는다. 예수님은 우리에게 원수를 **위해** 기도하라고 하신다. 기도할 때 우리는 성령이 우리를 형성하시도록 공간을 마련한다. 이러한 영적 형성은 즉시 이루어지지 않고 점진적으로 서서히 이루어진다.

몇 년 전, 베네딕토회 수사 한 분이 우리 교회를 방문해서 용서에 관해 강의하면서 원수를 위한 기도문을 나누어 주었다.

당신이 행복하길 기도합니다. 당신이 자유롭길 기도합니다. 당신이 사랑하고 있길 기도합니다. 당신이 사랑받길 기도합니다. 하나님이 당신을 위한 계획을 이루고 계심을 알길 기도합니다. 당신을 향한 하나님의 깊고 심오한 사랑을 경험하길 기도합니다. 예수님이 당신을 위해 이루신 은혜를 충만히 받고 그 안에서 자라길 기도합니다. 예수 그리스도의 형상이 당신 안에 이루어지길 기도합니다. 모든 지각에 뛰어난 예수님의 평강을 당신이 알길 기도합니다. 모든 좋은 것이 당신 것이 되길 기도합니다. 예수님의 기쁨이 당신 안에 있고, 그 즐거움이 완전하길 기도합니다. 주님의 모든 선하심과 긍휼을 당신이 알게 되길 기도합니다. 당신에게 다가오는 모든 유혹 가운데 악한 자로부터 당신이 보호받길 기도합니다. 성령이 당신의 존재 구석구석을 완전히 채우시길 기도합니다. 당신이 하나님의 영광을 보길 기도합니다. 당신의 모든 죄를 용서받길 기도합니다. 당신이 나에게 준 모든 상처와 아픔을 진심으로 용서합니다(혹은 용서하려고 노력하겠습니다). 당신 평생에 하나님의 선하심과 자비하심이 당신을 따르길 기도합니다.[2]

맨 처음 이 기도문을 읽었을 땐 웃음이 나왔다. 냉소적인 웃음이었다. 몇 년이 흐른 뒤에야 나는 이것이 세상 사람들 눈에는 어리석게 보이는, 예수님의 좁은 길임을 깨달았다.

진실 말하기

이제 여러분이 좀 더 흥미를 느낄 만한(나 역시 그렇다) 원수 사랑의 한 측면에 집중하려 한다. 완전한 사랑의 전형인 예수님을 관찰하다 보면 그분이 언제나 다정하시지는 않았다는 걸 알게 된다. 다정함은 성령의 열매가 아니다.

예수님은 사랑으로, 그리고 현실에 부합하는 방법으로 진리를 말씀하셨다. 종교 지도자들에게 하신 예수님 말씀을 살펴보자.

> 화 있을진저 외식하는 서기관들과 바리새인들이여 너희는
> 천국 문을 사람들 앞에서 닫고 너희도 들어가지 않고
> 들어가려 하는 자도 들어가지 못하게 하는도다.
> °마태복음 23장 13절

> 뱀들아 독사의 새끼들아 너희가 어떻게 지옥의 판결을
> 피하겠느냐.
> °마태복음 23장 33절

우리는 예수님이 이 말씀들을 사랑으로 하셨거나, 그렇

지 않으면 죄 가운데 하셨다고 결론 내려야 한다. 그러나 성경의 다른 부분을 살펴보면, 비록 읽기 어렵긴 해도 이 말씀들이 사랑의 표현임이 분명하다. 이것이 예수님이 그분의 원수들을 사랑하신 방법 가운데 하나다. 그들에게 진실을 말씀하시는 것 말이다.

그러나 여기 한 가지 주의할 것이 있다. 사람들은 대개 예수님처럼 상을 엎거나 자기 원수를 "뱀"이라고 부르고 싶어 한다. 그러나 예수님이 이런 말씀을 하셨을 때는 그분 마음속에 사랑과 긍휼, 정의가 있었다. 예수님은 종교 지도자들의 위선과 그들이 하나님의 이름으로 사람들 등에 지운 영적인 짐을 지적하신 것이다. 예수님의 말씀은 지도자들의 구조적인 죄악에 걸맞았다.

디트리히 본회퍼의 말을 다시 인용하자면 "자신만을 위한 진실, 적대감과 증오로 말한 진실은 진실이 아니라 거짓이다. 진실은 우리를 하나님의 임재 앞으로 이끌고 하나님은 사랑이시기 때문이다. 진실은 명료한 사랑이거나, 그렇지 않으면 아무것도 아니다."[3]

이러한 이유로 기도는 반드시 진실을 말하는 행위와 연결되어야 한다. 원수를 대할 때에는 특히 그러하다. 우리가 원수로 여기는 사람들에게 진실을 말한다면, 그것은 그들이 스스로의 위선에서 벗어나고 다른 이들에게 가한 상처로부터 자유로워지기를 바라는 행위여야 한다.

복음은 무거운 짐 진 자들과 그 짐을 **지운** 자들, 힘없는 자들과 힘 있는 자들 모두에게 좋은 소식이다. 양쪽 모두 다른 방식으로 자유를 얻는다. 무거운 짐을 진 자들은 학대에서 벗어나고, 짐을 지운 자들은 다른 사람들과 자신에게 가하는 해로움에서 풀려난다. 미국의 작가 제임스 볼드윈(James Baldwin)의 말을 빌리면, "다른 사람의 인간성을 부정하는 것은 곧 자신의 인간성마저 훼손하는 일이다."[4]

진실을 (특히 공개적으로) 말하는 것은 스스로 비판 대상이 되는 것이다. 우리가 할 수 있는 최선은 기도하는 마음으로 겸손하게 동기를 점검하고, 말을 삼가며, 용기 내어 말하는 것이다. 이럴 때 다른 사람들이 보든 보지 않든 우리는 원수를 사랑하는 것이다.

긍휼

예수님은 또한 긍휼함으로 원수를 사랑하신다. 그 긍휼은 "아버지 저들을 사하여 주옵소서 자기들이 하는 것을 알지 못함이니이다"(눅 23:34)라고 기도하신 십자가에서 가장 분명히 드러났다. 이 얼마나 아름답고도 이해하기 힘든 사랑의 표현인가. 예수님은 그분을 죽이려는 사람들이 품고 있는 해로운 의도를 아신다. 그들의 삶을 타락시키는 폭력성을 아신다. 그들 마음을 가득 채운 비인간적인 힘을 아신다. 더 크고 교활한 세력이 그들을 억압하고 있다는 것도 아신다. 예수님은 사랑하지 못하는 사람들이 엄청난 죄의 무게에 허덕이는 것을 아신다. 예수님은 눈물을 흘리며 긍휼의 말씀을 전하신다.

예수님은 그들의 이야기를 아신다. 그들이 속박당하고 있는 것을 슬퍼하신다. 그들이 갇혀 있는 감옥을 예수님은 이해하신다. 그리고 용서를 부어 주신다.

원수를 사랑한다는 건 그들의 말과 행동이 대개 치유가 필요한 내면에서 비롯된다는 고통스러운 진실을 인정하는 것이다. 세상은 원수만 보지만, 예수님의 좁은 길은 그들 삶의 더 많은 이야기까지 품을 여지를 준다.

나도 그런 노력을 하는데 성공률은 들쭉날쭉하다. 누군가가 상처가 되는 말을 할 때 나의 첫 반응은 맞받아치는 것이다. 좀 더 나은 순간에는 그 순간을 되돌아볼 수 있었다. 나는 이렇게 묻는다. '저 사람에게 무슨 일이 있길래 저런 말을 하게 되었을까?' 공인들, 특히 정치인들을 관찰하면서 똑같은 질문을 던져 보려고 한다. 그들이 어떤 두려움 때문에 다른 사람들을 악마화하고 공포심을 조장하는지 상상해 보려 한다. 그들이 느낄 수 있는 불안을 인식하려 하고, 그들의 권력과 영향력을 향한 갈망(나도 매일 싸우고 있는 욕망)에 공감하려 한다.

이렇게 인간적인 호기심을 발휘하는 것은 사람들의 결정,

특히 타인에게 해를 끼치는 결정을 변명하거나 축소하거나 무시하는 것이 아니다. 오히려 더 깊은 사랑의 자리에서 그들과 관계를 맺는다는 의미다. 이 사랑은 인간의 힘으로 발휘될 수 없다. 성령의 능력으로 예수님을 따를 때만 가능하다.

구약성경에서 하나님이 요나에게 그의 원수들에게 회개를 선포하라고 말씀하실 때 그는 거절한다. 왜일까? 요나는 하나님이 그들에게 은혜를 베푸실 것이라고 생각했기 때문이다! 요나는 하나님이 그에게 가라고 말씀하신 곳과 반대 방향으로 가는 배를 탄다. 당신도 아는 이야기다. 폭풍우, 큰 물고기, 그리고 마침내 요나는 사람들에게 언뜻 단순해 보이는 설교를 하는데, 놀랍게도 그들이 회개한다!

그다음 장면은 충격적이다. 사람들이 진정으로 회개하고 하나님께 돌아오는데 화가 난 설교자는 아마도 요나가 유일할 것이다! 요나는 (그럴 만한 이유로) 니느웨 백성을 경멸한다. 그러나 요나서의 마지막 구절은 우리에게 하나님의 마음을 엿보게 해 준다.

> 하물며 이 큰 성읍 니느웨에는 좌우를 분변하지 못하는 자가 십이만여 명이요 가축도 많이 있나니 내가 어찌 아끼지 아니하겠느냐 하시니라.
> °요나 4장 11절

하나님은 니느웨 사람들의 도덕적 퇴행을 보신다. 그들이 길 잃은 상태임을 인정하신다. 그리고 이러한 인식은 그분의 긍휼로 이어진다. 하나님이 요나에게 기대하시는 것이 바로 이 긍휼이다. 당신과 나에게서도 마찬가지다.

요나서의 중요한 주제 가운데 하나는 니느웨 백성을 향한 하나님의 인자하심이다. 그러나 근본적인 메시지는 그보다 훨씬 강렬하다. 하나님은 니느웨 백성을 도우실 뿐만 아니라, 선지자 요나를 그의 판단주의와 굳은 마음, 남 탓, 독선에서 구원하려 애쓰신다.

영적 성숙을 가늠하는 최고의 척도는 하나님에 대한 지식이 아니라, 원수를 향한 하나님의 사랑을 얼마나 닮아 가는가에 있다. 이보다 더 좁은 길은 없다. 때로는 어렵지만, 이 길에는 한 영혼이 경험할 수 있는 가장 깊은 수준의 만족이 있다. 예수님은 그분을 따라 좁은 길을 함께 걷자고 당신과 나를 부르신다.

흔들림 없이 끝까지 나아가는 비결, 순종

지금까지의 여정을 **"순종"**이라는 한 단어로 마무리하려 한다(당신은 분명 좀 더 희망적인 무언가를 기대했겠지만, 끝까지 내 말을 들어주길 바란다). 이 말은, 글쎄, 반려견 주인이나 어린 자녀를 둔 부모, 권력에 굶주린 사람들을 제외하면 많은 이들이 좋아하는 말은 아니다.

순종은 오해를 많이 받는다. 누군가는 순종을 억압의 렌즈로 보기도 한다. 하지만 예수님의 나라에서 순종은 우리 영혼을 진정으로 만족시키는 삶의 비밀이다.

예수님은 그분의 위엄 있는 설교인 산상수훈을 통해 복된 삶이 무엇인지 총체적으로 제시하셨다. 그분은 진실함과 단순한 말의 중요성을 보여 주셨고, 세상의 가치관을 뒤엎는 혼란스러운 사랑의 길로 우리를 초대하셨으며, 돈과 기도, 그리고 불안을 어떻게 다스리는지 가르치셨다. 또한 우리를 판단에서 자유로운 삶으로 인도하셨고, 분별의 필요성을 깨닫도록 도우셨다. 휴우, 많기도 하다.

그러나 이것이 전부가 아니다.

예수님은 인간의 본질을 이해하신다. 진리를 듣는다 해도 이를 적극적으로 실천하지 않으면 아무 의미가 없다는 것이다. 꾸준한 실천 없이 진리를 듣기만 하는 건 지식이 곧 성숙이라고 생각하도록 스스로를 속이는 행위다.

지식만으로는, 진리를 듣는 것만으로는 충분치 않다. 이런 이유로 사도 야고보는 이렇게 말했다. "너희는 말씀을 행하는 자가 되고 듣기만 하여 자신을 속이는 자가 되지 말라"(약 1:22). 행동하지 않고 듣기만 하는 게 기만적인 이유는 무엇인가? 우리가 뭔가를 들을 때, 듣는 내용에 의해 우리가 형성되는 것처럼 느낀다. 나를 포함해 성경 말씀을 줄줄 외울 수는 있지만, 그 진리로 개인적으로 변화되지는 못한 수많은 사람을 나는 알고 있다.

이런 함정을 어떻게 피할 수 있을까? 예수님에게서 찾을 수 있는 답은 바로 **실천**이다. 우리 삶을 재편하지 않는 한 우리는 과거의 방식으로 돌아갈 것이다.

들은 말씀을 실천하는 습관 기르기

산상수훈 마지막 부분에서 예수님은 중요한 차이점을 명확히 밝히신다. 예수님의 가르침에 귀 기울이고 **이 가르침을 실천하는** 자는 튼튼한 토대 위에 삶을 짓는다. 반대로, 순종하지 않고 듣기만 하는 자는 불안정하고 허술한 토대 위에 삶을 짓는다.

예수님 말씀을 천천히 읽어 보자. **"나의 이 말을 듣고 행하지 아니하는 자**는 그 집을 모래 위에 지은 어리석은 사람 같으리니"(마 7:26). 예수님은 그분을 따르는 이들이 삶을 변화시키는 그분의 가르침을 **실천하는** 데 가장 큰 관심을 두신다.

예수님께 순종하는 것은 그분의 가르침을 실천하는 것이다. 예수님은 그분의 가르침을 듣고 행하는 자가 견고한 토대 위에 삶을 세우는 자라고 말씀하신다(주의: 예수님은 "완벽하게 실천하라"고 말씀하시지 않는다). 우리가 무의식적으로 어떤 행동을 반복해 삶의 질서를 잡는 습관을 기르듯이, 우리를 좁은 길로 나아가게 할 습관을 기르라고 부르신다.

습관은 우리를 예수님 나라의 길로 인도하기도 하고 거기서 멀어지게 하기도 한다. 실천이 습관을 형성한다. 습관이 우리 삶을 정돈한다. 우리가 반복하는 실천은 우리가 무엇을 사랑하는지, 혹은 무엇의 노예인지 보여 준다. 문제는 어떻게 새로운 습관을 들여서 예수님의 가르침이 우리가 내리는 결정과 관계의 주된 원천이 되도록 할 것인가 하는 점이다.

사람들은 흔히 교회에 다니는 사람을 '**신앙생활을 하는 그리스도인**'(practicing Christian)이라고 이야기한다. 이런 표현은 예수님의 길을 삶에서 실천하지 않는 그리스도인이 있음을 전제한다.

농구 선수가 골 정확도를 높이려고 연습으로 근육 기억을 형성하는 것처럼, 예수님의 가르침은 일상의 리듬과 루틴 속에서 실천할 수 있다. 이러한 습관은 그 중요성에 관한 글을 읽는다고 해서 저절로 생기지 않는다(내가 아침과 자기 전에 양치질하는 이유는 그러라는 글을 읽어서가 아니라 그런 습관을 길렀기 때문이다). 우리가 형성하는 습관이 우리 삶의 모습을 만든다. 매일, 매주, 매월, 매년의 실천을 재평가하지 않는다면 우리는 그저 말씀을 듣기만 할 뿐 행하지 않을 것이다.

이 책의 나머지 부분에서는 이제까지 다루었던 모든 걸 실천하는 데 도움이 될 여섯 가지 간단한 실천 방법에 초점을 맞출 것이다.

#1 예수님의 가르침을 묵상하라

정보를 모은다고 해서 새로운 습관이 생기지 않는다. 설탕 도넛을 너무 많이 먹으면 건강에 좋지 않다는 걸 머리로는 알지만, 아아, 그 지혜가 내 행동을 이끌기란 얼마나 힘든가! 변화되려면 정보만이 아니라 묵상이 필요하다.

묵상은 그저 성경 구절로 머리를 채우는 것이 아니다. 사실, 넓은 길에는 머릿속에 성경 구절이 가득한 사람들이 넘쳐난다. 묵상은 암송도 물론 포함하지만, 그보다 훨씬 깊다. 묵상은 성경의 진리가 당신이 세상과 관계를 맺는 방식을 재정립하도록 인내심을 갖고 기다리는 영적 실천이다. 이러한 묵상은 소위 '영적 엘리트'만을 위한 실천이 아니다. 핵심은 하나님 말씀이 당신의 마음을 파고들 때까지 천천히 곱씹는 것이다.

나는 수년 동안 예수님 말씀, 그중에서도 특별히 산상수훈을 묵상하는 습관을 들였다. 그 지혜의 깊이를 완전히 파악하거나 내 삶에 적용하는 방법을 온전히 터득하지는 못할 것이다. 그런데 이 말씀에 푹 잠겨 있으면서 내게 어떤 일이 일어났다. 바로 예수님의 길에 (가장 좋은 의미로) 깊이 매료되어 살고 있다.

예를 들면, 내가 싫어하는 사람들에게 버럭 화를 내고 싶을 때 원수를 사랑하라는 예수님 말씀을 묵상하고는 정신이 번쩍 들었다. 예수님의 가르침을 묵상할 때는 단순히 그분 말씀을 상기하는 것이 아니라, 그 말씀을 계속해서 마음속으로 되뇌며 성령이 내 마음을 넓히실 수 있도록 충분한 공간을 마련한다. 걱정하지 말라는 예수님 말씀에 집중하면 깊은 불안에 휩싸인 영혼이 진정되었다. 때로는 두려운 순간에 평안을 얻으라는 하나님의 특별한 초대에 귀를 기울이며 예수님 말씀을 일기에 기록하면서 묵상하기도 한다.

예수님의 복의 기준들에 대해 숙고하는 건 더 많이 소유하고 싶은 유혹을 느낄 때 무엇이 가장 중요한지 판단하는 데 도움이 되었다. 예수님의 가르침이라는 좁은 길에 마음을 집중하면 내 죄를 더욱 잘 알게 된다. 하지만 동시에 나처럼 연약한 죄인에게 부으시는 하나님의 은혜도 더 잘 알게 된다. 하나님을 찬양합니다!

한 달에 두세 번씩 산상수훈을 통독하는 습관이 좋은 영적 출발점이 될 수 있다. 팔복을 묵상하고 일기를 쓰면 영혼을 재정비할 수 있다. 예수님의 가르침을 내면화하고 삶으로 구현하는 데 몰두하면 성령이 당신을 통해 역사하셔서 그 말씀이 생생하게 살아나는 것을 경험하게 될 것이다.

예수님은 성경 말씀을 묵상하는 것이 어떤 것인지 몸소 본을 보이셨다. 광야에서 시험당하실 때 그분 입에서 성경 말씀이 흘러나왔다. 종교 지도자들에게 도전받으실 때도, 십자가에 못 박히신 가장 비참했던 순간에도 그분 입에서 성경 말씀이 흘러나왔다. 예수님처럼 살려면 모든 상황에서 하나님 말씀이 우리에게서 쏟아져 나오도록 하나님 말씀을 내면화해야 한다.

#2 의에 주리고 목마르라

나는 정의, 특히 사회 정의를 추구하는 것에 대해 말만 번지르르하게 하면서 정작 이를 구현하기 위해 자기 삶을 재편하지 않는 경우를 익히 안다. 이것이야말로 예수님 말씀을 듣기만 하고 실천하지 않는 데 따르는 커다란 위험이다.

하나님은 당신이 공동체 사람들을 섬기도록 어떻게 부르시는가? 당신은 경제적으로 소외된 이들에게 자원과 관계를 제공할 수도 있다. 이는 약자들을 옹호하는 모습처럼 보일지도 모른다. 어쩌면 주변 지역의 가정을 대표하는 지역 공동체 위원회에 가입하거나, 혹은 직접 시작하라는 부르심을 받을 수도 있다. 어쩌면 하나님은 세상이 간과하기 쉬운 사람들에게 해를 끼치는 정책을 바꾸기 위해 당신을 부르고 계실지도 모른다.

의에 주리고 목마른 것은 다양한 방법으로 나타날 수 있다. 예를 들어, 고등학생들과 함께하는 성경 공부를 인도하면서 약자들을 향한 하나님의 마음에 초점을 맞추고 구체적인 행동을 촉구할 수 있다. 명절에 소외된 동네 사람들을 환대하는 행동을 통해 구체화될 수도 있다. 자녀 학교의 학부모-교사 모임 일원으로 활동하며, 특히 교육이나 지원에 있어 부족한 부분을 발견하고 돕는 데 참여할 수도 있다. 재정적 위험에 처한 가정의 부담을 덜어 주기 위한 모금 활동에 참여할 수도 있다.

보다시피, 의나 정의를 실천한다고 해서 항상 거리 행진이나 소셜 미디어 게시글이 필요한 것은 아니다. 근본적인 질문은 이것이다. 당신 주변에 고통이나 죄가 있는 곳, 도움이 필요한 곳은 어디인가? 예수님은 당신에게 어떻게 응답하라고 부르시는가?

#3 진실하게 말하라(승낙과 거절)

우리가 얼마나 진실하게 말하는지 점검하는 것은 제자도에서 중요한 실천 사항이다. 다음 질문들을 숙고하는 시간을 가지는 것이 좋다.

* 나는 어떤 부분에서 진실을 돌려 말해 왔는가?
* ○○○에게 솔직하기가 왜 힘든가?

* 사실은 거절하고 싶은데 왜 승낙해야 한다고 느끼는가?
* 최근에 일부러 모호한 태도를 보였던 문제가 있었는가? 그 이면에는 무엇이 있었을까?
* 뭔가를 하기로 한 약속을 번복한 적이 있는가? 약속을 지키지 못하는 근본적인 원인은 무엇인가?

#4 원수를 위해 기도하라

예수님을 따르는 많은 사람이 마음속에 품은 원수들을 인정하는 데 죄책감을 느낀다. 그중 어떤 이들은 우리에게 상처를 주었고, 또 어떤 이들은 그저 사랑하기 힘든 사람들일 뿐이다.

언젠가 친한 친구들과 이야기를 나누다가 돌아가며 사랑하기 어려운 사람들의 이름을 댔던 기억이 있다. 우리 모두 마음속에 누군가를 두고 있다는 사실을 알고는 무척 홀가분했다. 그 시간에 우리는 사랑하기 어려운 그들을 위해 기도하면서 그들을 향한 마음을 부드럽게 해 달라고 주님께 간구했다. 원수 사랑은 예수님의 가르침 중에서도 가장 힘든 부분일지 모르지만 그분의 마음을 나타내는 주요한 방법 중 하나다. 이를 실천하는 데 헌신한다면 예수님의 모습에 한층 더 가까워질 것이다.

#5 조용히 베풀라

다른 사람에게 드러내지 않고 조용히 베풀면 인정과 칭찬을 갈망하는 우리의 일부가 사라지게 된다. 조용한 베풂은 오묘한 방법으로 우리 안에 예수님의 성품을 빚어낸다. 복음서에서 예수님은 자주 사람들을 고쳐 주시는데, 그러고는 아무에게도 이야기하지 말라고 말씀하신다. 예수님이 이렇게 하신 이유 중 하나는 그분이 가르치신 것을 몸소 본으로 보이시려는 것이 아닐까?(역설적이게도, 이런 은밀한 은혜의 행위가 복음서에 기록되어 있기에 우리 모두가 다 알고 있다)

익명의 친절을 실천해 보라. 재정적인 선물로 누군가를 놀라게 하라. 도움이 필요한 가정을 위해 식료품을 구입하라. 나열하자면 끝이 없다. 이는 우리의 친절한 행위 전부를 비밀에 부치자는 의미가 아니라, 그것을 실천하는 법을 배우면 남의 눈에 띄고 싶은 마음에서 자유로워진다는 것이다. 기억하라. 하나님은 은밀하게 행한 일을 보시고 당신에게 갚아 주실 것이다.

#6 불안을 내려놓으라

불안을 느끼는 데는 내가 전문가다. 인정하고 싶지 않을 만큼 많은 불안을 짊어지고 있지만, 불안이 나를 압도하지 못하도록 경계를 세우는 법을 배웠다. 이것이 불안에 대한 완전한 치료법은 아니다. 우리는 불안을 관리하는 데 도움이 되는 다양한 방식들(스스로의 노력, 인간관계, 전문가 치료)이 종종 필요하기 때문이다. 그 과정의 출발점으로 다음은 하나님의 임재 가운데(또는 믿을 만한 친구가 있는 자리에서) 던질 수 있는 간단한 질문 목록이다.

* 누가 나를 가장 불안하게 만드는가? 왜 그런가?
* 어떤 상황이 나를 가장 불안하게 만드는가? 왜 그런가?
* 나는 삶의 어떤 영역에 대해 걱정하는가?
* 내 불안이 나에게 어떤 이야기를 들려주는가?
* 내 불안을 해소하려면 어떤 공간이 필요한가?

당신을 불안하게 하는 사람이나 상황을 알아냈다면 그것을 하나님께 아뢰라. 당신을 이끄시고 보호해 달라고 간구하라. 당신이 나 같은 사람이라면 이를 규칙적으로 실천해야 한다.

하나님 마음 깊숙이 들어가는 여정

예수님은 그분의 가르침을 행하는 자들은 튼튼한 토대 위에 사는 것이라고 말씀하신다. 반대로 예수님 말씀을 듣지만 행하지 않는 자들에게는 인생의 풍랑이 몰아닥친다.

예수님의 이 약속은 그분의 가르침을 행하는 자들은 문제나 어려움을 겪지 않을 것이라는 뜻이 **아니다.** 성경의 여러 다른 부분에서 예수님은 그분을 따르면 우리의 평안이(때로는 목숨까지도) 위태로워진다는 걸 상기시켜 주신다. 그럼에도 불구하고 예수님은 우리 삶을 망가뜨릴 수 없는 수준의 내면과 공동체의 안정성을 약속하신다. 예수님은 다음과 같은 위대한 약속으로 그분의 위대한 선언(masterful manifesto)을 마무리하신다. **"만약 너희가 좁은 길을 택한다면, 너희의 삶은 안전할 것이다."**

'안전' 하면 우리는 대부분 안락하고 방해받지 않는 삶을 떠올릴 것이다. 하지만 안전은 그보다 훨씬 더 심오하다. 예수님과 그분의 가르침을 따라 삶의 방향을 정하면, 하나님의 보살핌과 사랑에 더욱 세심하게 주의를 기울이며 살게 된다. 우리의 안전은 우리의 환경이 아니라 우리 삶에 언제나 신실하게 임재하시는 하나님께 달려 있다.

그러니, 친애하는 친구여, 우리의 여정이 끝나 가는 지금,

이 특별한 진리가 당신의 가장 은밀한 곳에서 울려 퍼지기를 기도한다. 예수님의 좁은 길을 이해하기 힘들 수도 있지만, 그 길이 당신의 삶을 구원할 것이다.

날마다 무수히 많은 세력이 당신과 나를 형성하고 영향을 미친다. 이 세력들은 우리에게 권력과 부, 성공에 대한 피상적인 비전에 뿌리내린 자신만의 왕국을 건설하라고 부추긴다. 그 길의 매혹적인 힘에 내 삶을 건다는 것이 어떤 것인지 나는 잘 안다. 그러나 이런 접근법은 우리 영혼의 가장 깊은 필요를 궁극적으로 충족시키지 못한다.

더 나은 길이 있다. 그 방법이 쉽지는 않아도(사실 이 방법은 일종의 죽음에 이르게 한다) 하나님의 손에서는 죽음조차도 새로운 생명으로 변화될 수 있다. 당신이 돈을 쌓아 두는 것에서 죽고 후히 베풀기로 선택하면, 당신 안의 무언가는 죽겠지만 또 다른 무언가는 생명을 얻는다. 당신이 사랑하기 어려운 누군가를 저주하는 대신 축복하기로 선택하면, 당신의 안에 죽음이 있겠지만(분노와 용서하지 못함으로 형성된 당신의 일부가 죽는 것이다) 당신 안에는 새로운 종류의 존재가 나타난다. 또 당신이 진실을 말하고 단순하게 말하기로 선택하면 속임수 위에 세워진 정체성이 무너지고 그리스도 안에 뿌리를 둔 더 깊은 진정한 자아가 드러나기 시작한다.

예수님과 그분의 길에서 당신은 생명을 얻을 수 있다. 이 길은 살아 계신 하나님을 만나는 여정이다. 좁은 길의 궁극적인 목적은 주관적인 행복이 아니라, 하나님의 마음 깊숙이 들어가는 여정이다. 그분의 마음은 본질적으로 십자가의 형상을 띤다.

하나님과의 관계가 점점 더 깊어지는 삶, 내면과 문화적 우상으로부터 자유로운 존재, 온전함과 평안과 기쁨을 향한 여정을 열망한다면, 세상의 지혜라는 넓은 길에서는 이를 찾을 수 없다. 오직 예수님의 좁은 길에서만 찾을 수 있다.

그리고 그 여정은 바로 오늘 시작할 수 있다.

감사의 글

이 책은 나의 세 번째 책입니다. 이제는 글쓰기가 쉬우리라 생각했건만 착각이었지요. 이 책을 짓는 데 도움을 준 많은 분에게 너무도 큰 빚을 졌습니다.

먼저 에이전트 알렉스 필드에게 고마움을 전합니다. 당신의 한결같은 격려가 내게는 큰 선물이었습니다.

워터브룩(WaterBrook) 출판 팀에도 말로 다할 수 없이 고맙습니다. 동역자로서 깊은 감사를 전합니다. 여러분 덕분에 지난 수년간 한 팀으로서 즐겁게 일할 수 있었어요.

편집자 윌 앤더슨의 기술과 재치가 없었다면 이 책이 지금과 같은 모습으로 나오지 못했을 겁니다. 제가 초고를 제출했을 땐 손볼 곳이 엄청났어요. 이야기를 더 쉽게 풀어 쓰자고 일깨워 주고 예리한 질문과 끊임없는 격려로 응원해 주어 정말 고맙습니다. 이 책을 위해 우리를 연결해 주신 주님께 감사드립니다.

친구인 애런 스턴, 글렌 패키엄, 숀 케네디, 너무 고맙습니다. 매월 여러분과 함께하는 시간 동안 내 생각과 글이 날카로워졌습니다. 여러분과의 우정은 큰 기쁨입니다.

푸에르토리코 출신의 호주 친구 아날도 산티아고에게 감사를 전합니다. 그 누구보다도 내 초고를 많이 읽어 주었는데, 당신의 조언은 언제나 큰 선물이었어요.

사랑하는 우리 아이들, 카리스와 네이선, 정말 많이 고맙다. 저녁 식사 자리에서 우린 자주 이 책을 주제로 이야기했지. 아빠가 세상에 전하고 싶은 말을 함께 진심으로 대해 주어 정말 고맙구나.

우리 교회, 뉴라이프펠로십 장로님들께 감사드립니다. 전세계 교회를 위해 글을 쓰고 섬길 수 있도록 자유로운 환경을 마련해 주셔서 정말 영광스럽고 힘이 됩니다.

뉴라이프펠로십의 귀한 형제자매들에게도 무한한 감사를 전합니다. 16년 넘게 이 공동체 안에서 함께해 왔고, 또 그중에서 10년은 이렇게 담임목사로 함께하고 있네요. 여러분만큼 특별한 공동체는 없습니다. 여러분이 보내 주는 사랑과 기도, 인정에 감사드립니다. 그리고 예수님의 좁은 길을 따라 주셔서 감사합니다.

그리고 마지막으로 사랑하는 아내 로지, 믿음 가운데 나

설 수 있도록 당신이 격려해 주지 않았다면 내 글쓰기 여정은 시작도 못 했을 거예요. 당신의 솔직한 피드백과 힘찬 격려, 따뜻한 사랑, 항상 고마워요.

주

들어가며. 우리는 왜 좁은 길 앞에서 망설이는가
1. Dietrich Bonhoeffer, *The Cost of Discipleship* (New York: Touchstone, 1959), 89. 디트리히 본회퍼, 《나를 따르라》(복있는사람 역간).

Part 1. 이 시대가 열광하는 넓은 길을 떠나다

chapter 1. 허망한 길에서 멈춰 서는 용기
1. G. K. Chesterton, *What's Wrong with the World* (Vancouver: Royal Classics, 2021), 17. G. K. 체스터턴, 《왜 세상이 잘못 돌아가나》(연암서가 역간).

chapter 2. 환상으로 버무려진 '행복'의 진짜 의미를 찾아서
1. David Shimer, "Yale's Most Popular Class Ever: Happiness", *The New York Times*, January 26, 2018, www.nytimes.com/2018/01/26/nyregion/at-yale-class-on-happiness-draws-huge-crowd-laurie-santos.html.
2. Ron Rolheiser, "Risking God's Mercy", RonRolheiser.com, October 15, 2000, https://ronrolheiser.com/risking-gods-mercy.

3. Søren Kierkegaard, *Purity of Heart Is to Will One Thing* (New York: Harper, 1948). 쇠렌 키르케고르, 《마음의 청결》(카리스아카데미 역간).

chapter 3. 의로움을 뽐내고 싶은 욕망의 사슬을 끊다

1. Ronald Rolheiser, *Forgotten Among the Lilies: Learning to Live Beyond Our Fears* (New York: Image, 2007), 13. 로널드 롤하이저, 《하느님의 불꽃 인간의 불꽃》(성바오로출판사 역간).
2. Eugene H. Peterson, *The Pastor: A Memoir* (New York: HarperOne, 2012), 157. 유진 피터슨, 《유진 피터슨: 부르심을 따라 걸어온 나의 순례길》(IVP 역간).

Part 2. _____ 좁지만 생명 충만한 예수의 길 걸어가기

chapter 4. 소금과 빛으로 세상 한복판에 스며들다

1. *The Help*, directed by Tate Taylor (Beverly Hills: Walt Disney Studios Motion Pictures, 2011). 테이트 테일러 감독, 〈헬프〉.
2. Mark Kurlansky, *Salt: A World History* (New York: Penguin, 2003), 63. 마크 쿨란스키, 《소금 세계사를 바꾸다》(웅진주니어 역간).
3. Rich Villodas, *The Deeply Formed Life: Five Transformative Values to Root Us in the Way of Jesus* (Colorado Springs: WaterBrook, 2020), 185. 리치 빌로다스, 《예수님께 뿌리 내린 삶》(IVP 역간).
4. Parker Palmer, *Let Your Life Speak: Listening for the Voice of Vocation* (San Francisco: Jossey-Bass, 2000), 78. 파커 파머, 《삶이 내게 말을 걸어올 때》(한문화 역간).

chapter 5. 내 분노의 뿌리를 성령께 내드리다

1. Barbara Holmes, quoted in "Contemplating Anger", Center for Action and Contemplation, June 9, 2020, https://cac.org/daily-meditations/contemplating-anger-2020-06-09.

2. Dale Bruner, *Matthew: A Commentary, Volume 1* (Grand Rapids: Eerdmans, 2007), 208.
3. Dallas Willard, *Divine Conspiracy: Rediscovering Our Hidden Life in God* (New York: HarperSanFrancisco, 1998), 150. 달라스 윌라드, 《하나님의 모략》(복있는사람 역간).
4. Bruner (영국 속담 인용), *Matthew*, 209.
5. Bill Hathaway, "'Likes' and 'Shares' Teach People to Express More Outrage Online", YaleNews, August 13, 2021, https://news.yale.edu/2021/08/13/likes-and-shares-teach-people-express-more-outrage-online.

chapter 6. 거짓의 유혹 넘어 진실한 삶과 말을 지켜 내다

1. Stanley Hauerwas, "How Do I Get Through the Day Without Telling a Lie?", The Examined Life, January 2017, https://examined-life.com/interviews/stanley-hauerwas.
2. Ron Rolheiser, "Playing Loose with the Truth", Oblate School of Theology, December 1, 2017, https://ost.edu/playing-loose-truth.
3. Dietrich Bonhoeffer, *The Collected Sermons of Dietrich Bonhoeffer*, ed. Isabel Best (Minneapolis: Fortress, 2012), 144. 디트리히 본회퍼, 《디트리히 본회퍼 설교집》(복있는사람 역간).

chapter 7. 성(性), 욕망의 소비가 아닌 언약적 사랑으로 누리다

1. Sr. Miriam James (@onegroovynun), Twitter, May 19, 2018, 5:36 a.m., https://twitter.com/onegroovynun/status/997803197459845120.
2. Alexis Kleinman, "Porn Sites Get More Visitors Each Month Than Netflix, Amazon and Twitter Combined", HuffPost, December 6, 2017, www.huffpost.com/entry/internet-porn-stats_n_3187682.
3. "Internet Pornography by the Numbers: A Significant Threat to Society", Webroot, www.webroot.com/us/en/resources/tips-articles/internet-pornography-by-the-numbers.
4. "Internet Pornography."
5. Kleinman, "Porn Sites."
6. "Porn in the Digital Age: New Research Reveals 10 Trends", Barna, April 6, 2016, www.barna.com/research/porn-in-the-digital-age-new-research-reveals-10-trends.

7. Sarah Young, "Digisexuals: Number of People Who Prefer Sex with Robots to Surge, Find Experts", *Independent*, November 30, 2017, www.independent.co.uk/life-style/digisexuals-robot-sex-preferences-university-manitoba-canada-identity-a8084096.html.
8. Neil McArthur, quoted in Young, "Digisexuals."

chapter 8. 불안으로 움킨 손을 펴 돈의 신전에서 벗어나다

1. *HELPS Word-Studies*, s.v., "mammōnás", Bible Hub, https://biblehub.com/greek/3126.htm.
2. Herbert McCabe, *God, Christ and Us,* ed. Brian Davies (New York: Continuum, 2005), 133.
3. John Wesley, *Thirteen Discourses on the Sermon on the Mount* (Franklin, Tenn.: Seedbed, 2014), 190.
4. Leo Tolstoy, *How Much Land Does a Man Need? and Other Stories* (New York: Penguin Classics, 1994), 96. 레오 톨스토이, 《사람에게는 얼마만큼의 땅이 필요한가》.
5. 우리 교회 찬양 목사 케이트 송(Cate Song)과 내가 공동으로 작곡한 "Giving Liturgy." New Life Fellowship Elmhurst, https://elmhurst.newlife.nyc/give.
6. Dale Bruner, *Matthew: A Commentary,* Volume 1 (Grand Rapids: Eerdmans, 2007), 321.
7. Richard Foster, *Celebration of Discipline: The Path to Spiritual Growth* (New York: HarperCollins, 1998), 90을 보라. 리처드 포스터, 《영적 훈련과 성장》(생명의말씀사 역간).
8. Walter Brueggemann, *Sabbath as Resistance: Saying No to the Culture of Now* (Louisville, Ky.: Westminster John Knox, 2017), 11-12. 월터 브루그만, 《안식일은 저항이다》(복있는사람 역간).
9. Richard Foster, *The Challenge of the Disciplined Life: Christian Reflections on Money, Sex, and Power* (New York: HarperOne, 1989), 19. 리처드 포스터, 《돈, 섹스, 권력》(두란노 역간).

chapter 9. 염려의 짐 내려놓고, 채우시는 아버지 손을 붙잡다

1. Eric Sevareid, *This Is Eric Sevareid* (Berkeley: University of California, 1964), 71-72.
2. Sophie Bethune, "Stress in America 2022: Concerned for the Future, Beset by Inflation", American Psychological Association, October 2022, www.apa.org/news/press/releases/stress/2022/concerned-futureinflation.

3. Richard Foster, *Freedom of Simplicity: Finding Harmony in a Complex World* (New York: HarperOne, 2005), 13.
4. Brennan Manning, *The Relentless Tenderness of Jesus* (Grand Rapids: Revell, 2005), 17-18. 브레넌 매닝,《사자와 어린양》(복있는사람 역간).
5. *Henri Nouwen: Writings Selected with an Introduction by Robert Jonas*, ed. Robert Ellsberg (Maryknoll, New York: Orbis, 1998), 55.

chapter 10. 판단의 칼날을 거두고 내 마음을 살피다

1. Gregory Boyd, *Repenting of Religion: Turning from Judgment to the Love of God* (Grand Rapids: Baker, 2004), 13-14.
2. "What Millennials Want When They Visit Church", Barna, March 4, 2015, www.barna.com/research/what-millennials-want-when-they-visit-church.
3. Jim Wallis, "Bernie Sanders Got Christian Theology Wrong. But He's Right About Islamophobia", *The Washington Post*, June 12, 2017, www.washingtonpost.com/posteverything/wp/2017/06/12/bernie-sanders-got-christian-theology-wrong-but-hes-right-about-islamophobia.
4. Howard Thurman, *Meditations of the Heart* (Boston: Beacon, 1999), 40.
5. Abba Joseph, quoted in Rowan Williams, *Where God Happens: Discovering Christ in One Another* (Boston: New Seeds, 2007), 17.
6. Peter Scazzero and Geri Scazzero, *Emotionally Healthy Relationships Workbook: Discipleship That Deeply Changes Your Relationship with Others* (Grand Rapids: Zondervan, 2017), 28.

chapter 11. 하나님의 뜻, 친밀함 속에서 분별하고 행하다

1. Martin Luther King, Jr., "I've Been to the Mountaintop" (speech, Bishop Charles Mason Temple, Memphis, Tennessee, April 3, 1968); "Here Is the Speech Martin Luther King Jr. Gave the Night Before He Died", CNN, April 4, 2018, www.cnn.com/2018/04/04/us/martin-luther-king-jr-mountaintop-speech-trnd/index.html도 보라.
2. C. S. Lewis, *Reflections on the Psalms* (Grand Rapids: HarperOne, 2017), 36. C. S. 루이스,《시편사색》(홍성사 역간).
3. Adam Neder, *Theology as a Way of Life: On Teaching and Learning the Christian Faith* (Grand Rapids: Baker Academic, 2019), 76.

4. Justin Whitmel Earley, "A Bedtime Blessing of Gospel Love", *Habits of the Household: Practicing the Story of God in Everyday Family Rhythms* (Grand Rapids: Zondervan, 2021), 205.

chapter 12. 사랑하기 힘든 이들, 예수의 긍휼로 사랑하다

1. Tom Weston, quoted in Anne Lamott, *Bird by Bird: Some Instructions on Writing and Life* (New York: Anchor, 1995), 21. 앤 라모트, 《쓰기의 감각》(웅진지식하우스 역간).
2. 베네딕토회 윌리엄 메닝어(William Meninger) 수사가 우리 교회에 방문하여 이 기도문이 적힌 유인물을 나누어 주었다.
3. Dietrich Bonhoeffer, *The Collected Sermons of Dietrich Bonhoeffer*, ed. Isabel Best (Minneapolis: Fortress, 2012), 144.
4. James Baldwin, *Nobody Knows My Name: More Notes of a Native Son* (New York: Vintage, 1993), 71.